ERPI MATHÉMATIQUE

4e année du primaire

mathématique

Cahier de savoirs
et d'activités

B

Isabelle Deshaies
Christiane Bessette

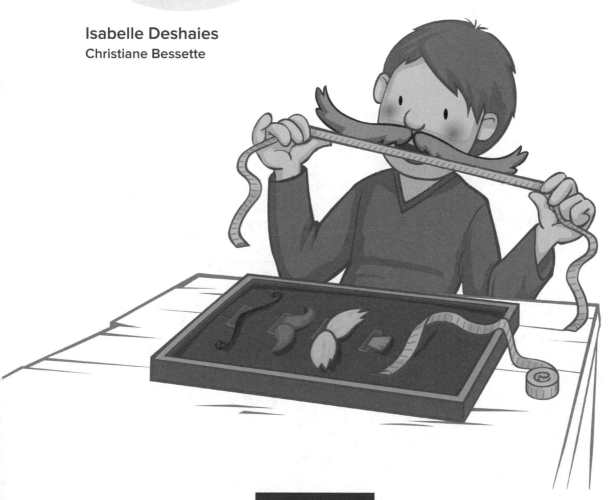

PEARSON

Montréal Toronto Boston Columbus Indianapolis New York San Francisco Upper Saddle River
Amsterdam Le Cap Dubaï Londres Madrid Milan Munich Paris
Delhi México São Paulo Sydney Hong-Kong Séoul Singapour Taipei Tōkyō

Directrice à l'édition
Monique Boucher

Chargées de projet
Marielle Champagne
Marie-Claude Rioux

Correctrice d'épreuves
Lucie Bernard

Coordonnateur – droits et reproduction
Pierre Richard Bernier

Recherchiste iconographique
Marie-Claude Rioux

Directrice artistique
Hélène Cousineau

Coordonnatrice aux réalisations graphiques
Sylvie Piotte

Couverture
Conception : Frédérique Bouvier
Illustration : Frédéric Normandin

Conception graphique
Frédérique Bouvier

Édition électronique
Catherine Boily

Illustrateur
Frédéric Normandin
(ouvertures de thèmes et pages Énigme)

Réviseure scientifique

Annie Savard, Ph. D., professeure adjointe en didactique
des mathématiques, Faculté des sciences de l'éducation,
Université McGill

Consultantes pédagogiques

Amélie Turmel, enseignante, école Saint-Christophe,
commission scolaire des Bois-Francs

Chantal Gagné, enseignante, école Sainte-Paule,
commission scolaire de la Rivière-du-Nord

Korinne Laurendeau, enseignante, école Monseigneur-Grenier,
commission scolaire des Bois-Francs

Tina Desroches, enseignante, école Saint-Marcel,
commission scolaire de la Pointe-de-l'Île

Carmen Roberge, enseignante, école Wilfrid-Pelletier,
commission scolaire de la Pointe-de-l'Île

Marie-Claude Barrette, école Philippe-Morin,
commission scolaire Marguerite-Bourgeoys

Rita Tomassini, enseignante, école Entramis,
commission scolaire des Affluents

Source des illustrations
Shutterstock

Signification des pictogrammes
Pictogrammes placés près d'un titre de section

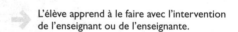

L'élève apprend à le faire avec l'intervention
de l'enseignant ou de l'enseignante.

L'élève le fait par lui-même à la fin de l'année scolaire.

Pictogrammes associés à une situation-problème

Étapes de la démarche de résolution de problèmes
présentée à l'intérieur de la couverture arrière du cahier.

Table des matières

THÈME 3
Gueules et frimousses 1

Gueules et frimousses

Ce que tu vas apprendre...

J'apprends

▶ Les unités de mesure de longueur

Le **mètre (m)** est l'unité de base pour mesurer les longueurs. On peut partager le mètre en parties égales pour obtenir des **décimètres (dm)**, des **centimètres (cm)** ou des **millimètres (mm)**.

> 1 m = 10 dm
> 1 m = 100 cm
> 1 m = 1000 mm

L'unité de mesure de longueur employée dépend de l'objet à mesurer. Par exemple :

- on mesure la taille d'une personne en m ou en cm ;
- on mesure la longueur d'un crayon en cm ou en dm ;
- on mesure la largeur d'un crayon en mm ou en cm.

Pour passer d'une unité de mesure de longueur à une autre, on peut utiliser un tableau comme celui-ci.

Mètres (m)	Décimètres (dm)	Centimètres (cm)	Millimètres (mm)
2	3	1	4
2	3	1,	4
2	3,	1	4
2,	3	1	4

> On place la virgule après l'unité de mesure choisie.

Par exemple, pour savoir combien il y a de centimètres dans 2314 millimètres :

- on place le nombre dans le tableau ;
- on trouve le chiffre qui se trouve à la position des centimètres ;
- on place la virgule après ce chiffre.

Le tableau permet de constater que :

2314 mm = 231,4 cm = 23,14 dm = 2,314 m (ou 2,31 m)

Je m'exerce

1 **Entoure** l'unité la plus appropriée pour mesurer chaque longueur.

a) le cou d'une girafe   cm   m   b) un poisson rouge   cm   m

c) la langue d'un chien   m   cm   d) les pattes d'une fourmi   mm   dm

e) les moustaches d'un chat   dm   m   f) le corps d'un serpent   mm   m

2 **Trouve** les équivalences.

 3,45 m = 34,5 dm = 3450 mm

a) 4,1 m   = ☐ dm = ☐ cm

b) 29,1 dm = ☐ cm = ☐ mm

c) 1,2 m   = ☐ dm = ☐ cm

d) 3 dm   = ☐ cm = ☐ mm

3 Molo l'escargot doit se rendre à son quartier général. Voici la longueur des segments de route pour s'y rendre : 50 mm, 3 cm, 15 mm, 5 cm. **Entoure** l'emplacement du quartier général (A, B ou C).

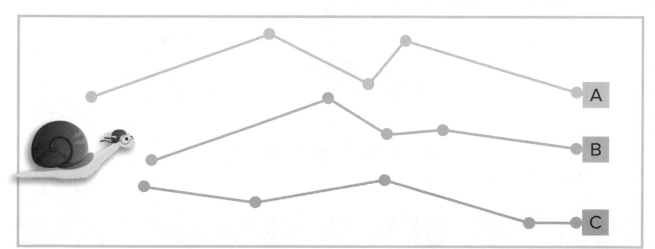

▶ Le périmètre

Le **périmètre** est la longueur totale du contour d'une figure plane.

Pour trouver le périmètre d'une figure, il faut additionner les longueurs de chacun de ses côtés.

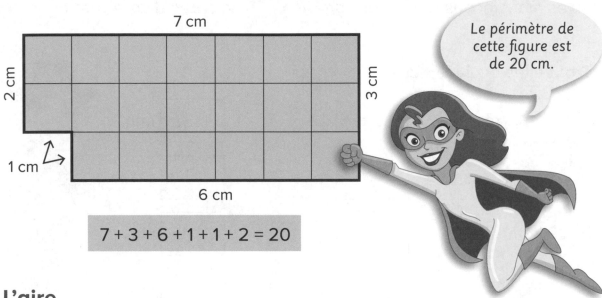

Le périmètre de cette figure est de 20 cm.

$$7 + 3 + 6 + 1 + 1 + 2 = 20$$

▶ L'aire

L'aire est la mesure de la surface d'une figure.

Pour trouver l'aire d'une figure, il faut d'abord choisir une unité de mesure. Ensuite, on compte combien de fois il faut répéter cette unité de mesure pour recouvrir toute la surface.

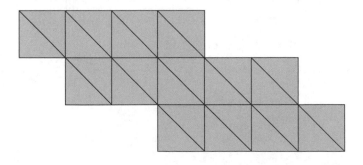

Unités de mesure	
◣	triangle-unité
◼	carré-unité

L'aire de cette figure est de 26 triangles-unités ou de 13 carrés-unités.

Unité de mesure
carré-unité
1 cm

1 **Trouve** le périmètre et l'aire de ces figures.

a)

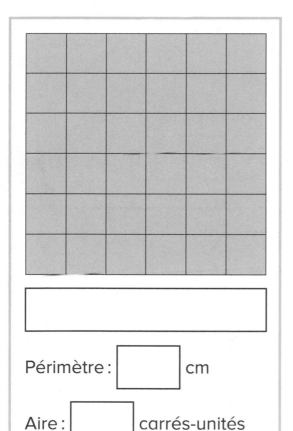

Périmètre : ☐ cm

Aire : ☐ carrés-unités

b)

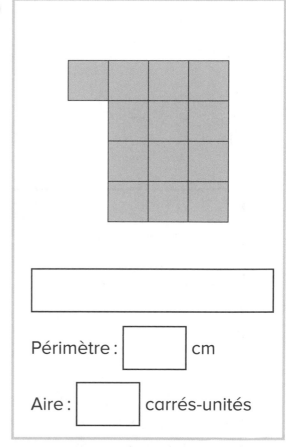

Périmètre : ☐ cm

Aire : ☐ carrés-unités

c)

Périmètre : ☐ cm

Aire : ☐ carrés-unités

d)

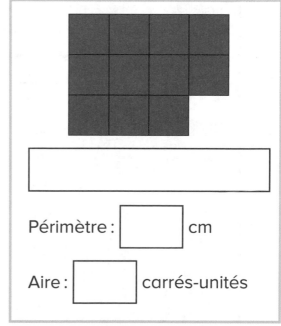

Périmètre : ☐ cm

Aire : ☐ carrés-unités

2 Il y a 4 enclos au Refuge des orignaux. **Remplis** le tableau pour connaître le périmètre et l'aire de chaque enclos. **Entoure** l'enclos dont le périmètre est le plus grand.

	Enclos	Périmètre	Aire
a)	A	m	carrés-unités
b)	B	m	carrés-unités
c)	C	m	carrés-unités
d)	D	m	carrés-unités

Attention !
Avant d'additionner, assure-toi que les nombres ont la même unité de mesure.

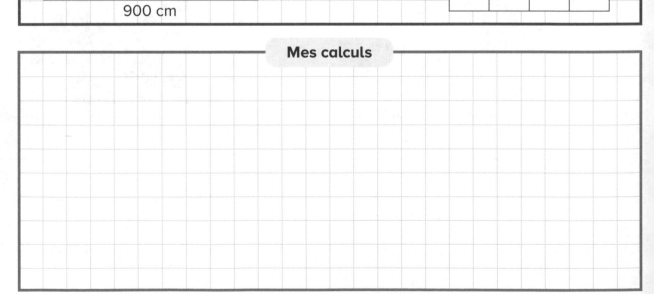

Mes calculs

Ming dessine le plan d'un terrier rectangulaire pour son lapin.
Le périmètre de son plan est de 26 cm. Elle pense que
si elle utilise des carrés-unités dont les côtés mesurent 1 cm,
l'aire de son plan sera également de 26 carrés-unités.
A-t-elle raison ? Justifie ta réponse.

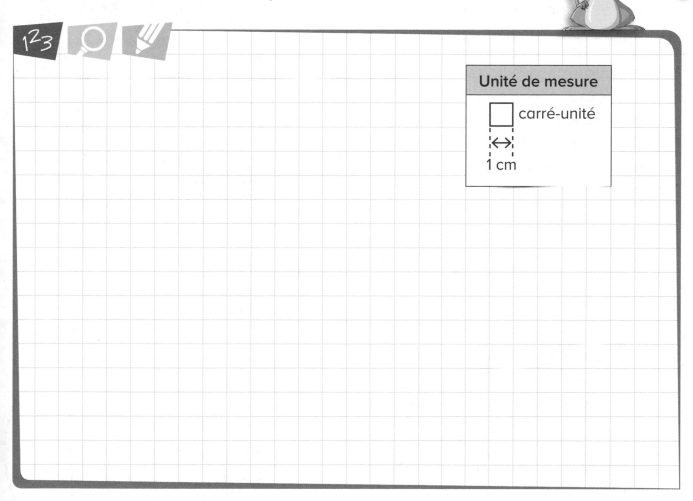

Unité de mesure

☐ carré-unité

↔ 1 cm

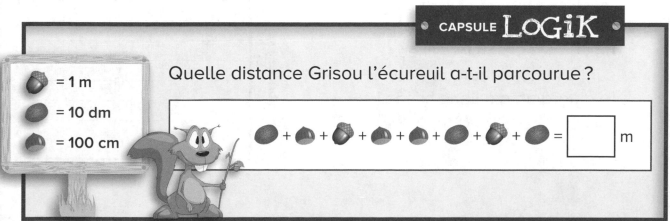

CAPSULE LOGiK

= 1 m
= 10 dm
= 100 cm

Quelle distance Grisou l'écureuil a-t-il parcourue ?

🌰 + 🌰 + 🌰 + 🌰 + 🌰 + 🌰 + 🌰 + 🌰 = ☐ m

J'apprends

▶ Le diagramme à bandes et le diagramme à ligne brisée

Le **diagramme à bandes** et le **diagramme à ligne brisée** servent à présenter de façon visuelle les données recueillies dans une **enquête**.

Le diagramme à ligne brisée sert plus particulièrement à présenter des données qui varient en fonction du temps, par exemple des années, des mois ou des heures.

Les 2 types de diagrammes comprennent :

- un **titre**, qui indique le sujet de l'enquête ;

- les **titres de l'axe vertical et de l'axe horizontal**, qui permettent d'organiser les données ;

- des graduations régulières de l'axe vertical, qui précisent la quantité de données recueillies ;

- pour le diagramme à bandes, des bandes bien identifiées sur l'axe horizontal ou, pour le diagramme à ligne brisée, des points reliés entre eux.

Le diagramme à bandes

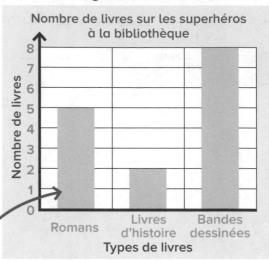

Il y a 5 romans sur les superhéros à la bibliothèque.

Il y a eu 7 livres sur les superhéros achetés par la bibliothèque au mois d'avril.

Le diagramme à ligne brisée

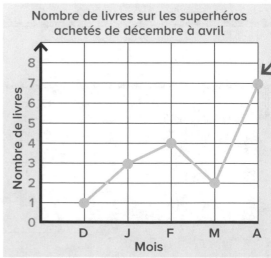

1 Victor travaille dans une animalerie. Voici les accessoires pour chiens que ses clients ont achetés cette semaine.

Accessoires pour chiens achetés au cours de la semaine

Accessoires	Quantité
Laisses	40
Brosses	20
Jouets	15
Colliers	35
Bols	5

À l'aide de ces données, **complète** le diagramme à bandes.

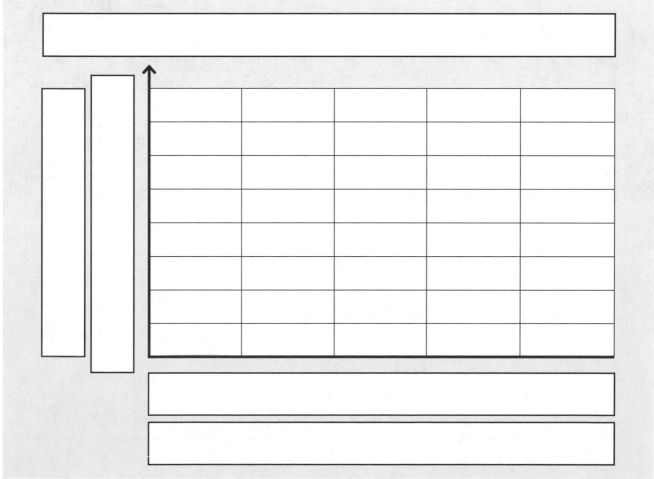

2 Chaque année, les élèves de madame Hélène organisent un danse-o-thon pour contribuer à la protection des loups. Cette année, leur objectif était de danser pendant 10 heures et d'amasser 1000 $. **Observe** le diagramme à ligne brisée, puis **réponds** aux questions.

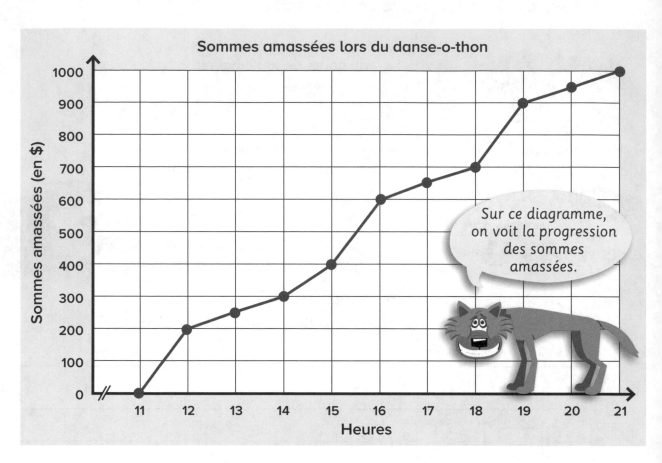

a) Combien d'argent les élèves avaient-ils amassé à 16 h ?

b) Combien d'argent avaient-ils amassé à 12 h ?

c) À quelle heure avaient-ils amassé 700 $?

d) Combien d'argent ont-ils amassé en tout ?

e) Les élèves ont-ils atteint leur objectif ?
Si oui, à quelle heure l'ont-ils atteint ?
Si non, combien d'argent leur manque-t-il pour l'atteindre ?

3 Les élèves de l'école Ribambelle ont construit une mangeoire d'oiseaux. Pendant l'année scolaire, ils ont noté le nombre d'espèces qui l'ont visitée.

Nombre d'espèces d'oiseaux qui ont visité la mangeoire

Mois	Nombre d'espèces
Septembre	5
Octobre	4
Novembre	4
Décembre	6
Janvier	5
Février	5
Mars	8
Avril	10
Mai	9
Juin	6

À l'aide de ces données, **complète** le diagramme à ligne brisée.

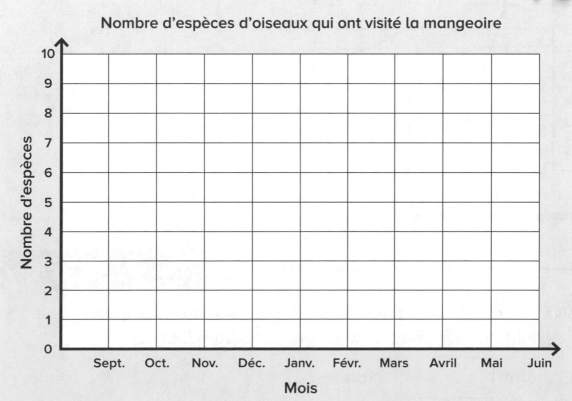

Les olympiades des animaux débutent demain. Les années passées, les organisateurs ont constaté que le nombre de spectateurs variait en fonction de la température. Voici ce qu'ils ont noté.

Nombre de spectateurs en fonction de la température

Température	Moins de 4 °C	Entre 4 °C et 8 °C	Entre 8 °C et 16 °C	Entre 16 °C et 20 °C
Nombre de spectateurs	500	800	1000	1200

Dans le diagramme suivant, on montre la température prévue pour les jours des olympiades. Combien de spectateurs devraient se présenter aux olympiades cette année ?

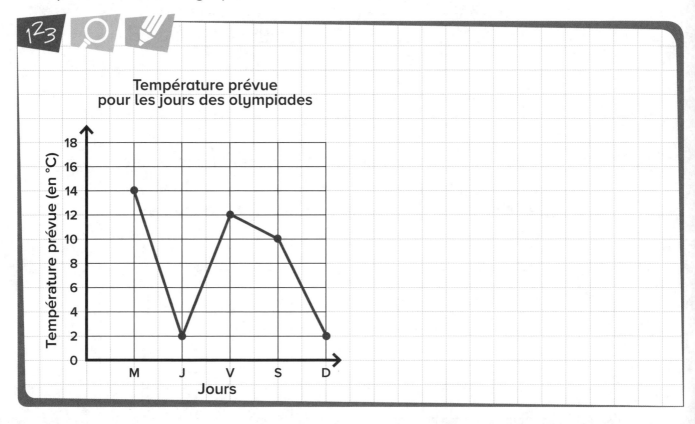

Température prévue pour les jours des olympiades

CAPSULE LOGiK

Si le double de spectateurs se présentaient aux olympiades des animaux, combien de spectateurs y aurait-il ?

Il y aurait [   ] spectateurs.

J'apprends

▶ La classification des solides

Un **solide** est une figure géométrique à 3 dimensions. On peut classer les solides en 2 catégories : les corps ronds et les polyèdres.

- Les **corps ronds** possèdent au moins une face courbe. Par exemple : les cônes, les cylindres et les boules.

- Les **polyèdres** n'ont que des faces planes. Les **prismes** et les **pyramides** sont des polyèdres. Ils se distinguent par le nombre de faces, d'arêtes et de sommets qu'ils possèdent.

Polyèdres

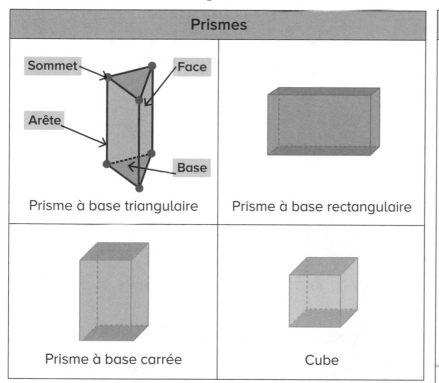

Prismes

Prisme à base triangulaire — Prisme à base rectangulaire

Prisme à base carrée — Cube

Pyramides

Pyramide à base carrée

Pyramide à base triangulaire

Signification des mots

Prisme : polyèdre formé de 2 faces identiques et parallèles qu'on appelle « bases ». Les autres faces sont des parallélogrammes (4 côtés et 2 paires de côtés parallèles).

Pyramide : polyèdre qui ne possède qu'une seule base. Les autres faces sont des triangles qui se rejoignent en un même sommet.

Arête : segment à l'intersection de 2 faces.

Sommet : point à l'intersection d'au moins 2 arêtes.

1 Sam le garde-chasse a capturé 7 animaux soupçonnés d'avoir volé des provisions. Il les a placés dans les cages suivantes.

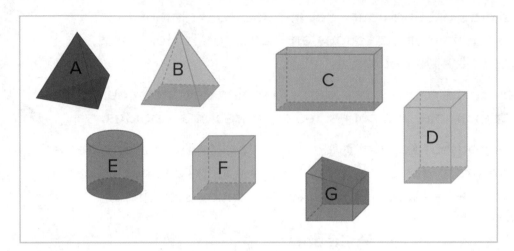

a) Quelle cage possède 8 arêtes ?

b) Quelle cage possède 5 sommets ?

c) Quelle cage a une base triangulaire ?

d) Quelles cages sont des prismes ?

2 À l'aide des indices, **indique** la cage dans laquelle se trouve chaque animal.

a) Je suis dans la cage qui possède 4 faces différentes.

b) Je suis dans la cage qui possède 6 faces identiques.

c) Je suis dans la cage qui possède une face courbe.

d) Je suis dans la cage qui possède 5 faces.

e) Je suis dans la cage qui possède 4 sommets.

J'apprends

▶ Le développement d'un solide

Le **développement d'un solide** permet d'observer toutes
les faces de ce solide sur un même plan (en 2 dimensions).
C'est comme si on le dépliait.

Prisme à base carrée

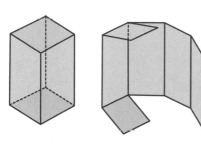

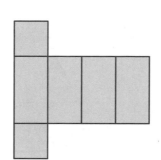

Un prisme à base carrée
possède 6 faces :
2 carrés et 4 rectangles.

Je m'exerce

1 **Nomme** le solide correspondant à chaque développement.

a)

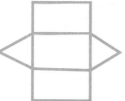

b)

c)

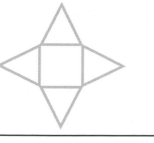

d)

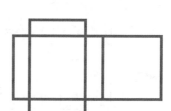

2 **Nomme** les figures planes qui manquent pour construire chaque solide.

	Solide	Figures planes	Figures manquantes
exemple	Prisme à base carrée	▭ ▭ ▭	3 rectangles.
a)	Prisme à base rectangulaire	▯ ▭	
b)	Pyramide à base carrée	◻	
c)	Prisme à base triangulaire	△	
d)	Pyramide à base triangulaire	△ △	
e)	Cube	◻ ◻ ◻ ◻	

3 Voici le développement d'un dé.

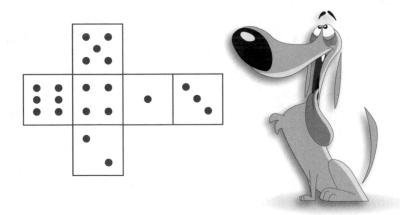

Indique le nombre de points qui se trouvent sur la face opposée à celle qui est montrée.

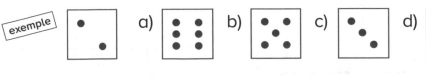

exemple	a)	b)	c)	d)	e)
5					

Je raisonne

Voici le jeu « Développons les solides ». Pour gagner, il faut atteindre une case bleue le premier. Les joueurs choisissent 3 solides. Ils avancent leur jeton à tour de rôle sur les figures planes qui composent leurs 3 solides. Chacun peut bouger de droite à gauche ou de haut en bas, mais pas repasser sur la même case.

Voici les solides choisis par Léane et Émile.

• Léane : cube, pyramide à base carrée et prisme à base triangulaire.
• Émile : pyramide à base triangulaire, cube et prisme à base carrée.

Léane croit qu'elle sera la seule à gagner. A-t-elle raison ? Justifie ta réponse.

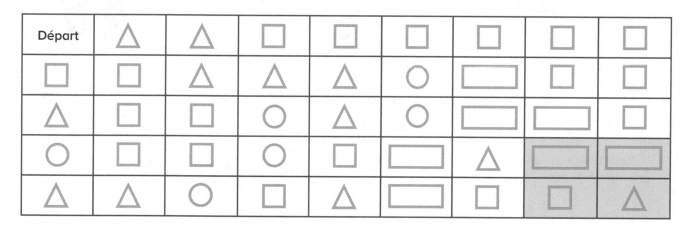

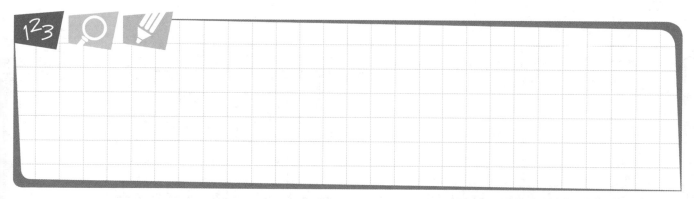

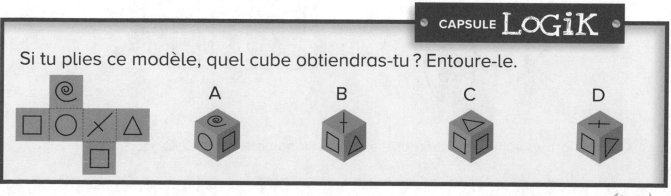

CAPSULE LOGIK

Si tu plies ce modèle, quel cube obtiendras-tu ? Entoure-le.

A   B   C   D

J'apprends

▶ La division

La **division** est l'opération mathématique qui permet de partager une quantité (le **dividende**) en un certain nombre de groupes égaux (le **diviseur**). Le résultat est le **quotient**. Le symbole de la division est ÷ (se dit « divisé par »).

On peut représenter la division avec du matériel en base 10. Par exemple : 212 ÷ 2 .

- On représente 212.

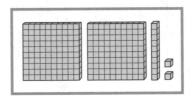

- On tente de faire 2 groupes égaux. Il reste 1 dizaine.

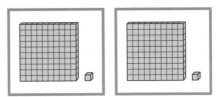

- On échange 1 dizaine contre 10 unités. On procède à nouveau au partage.

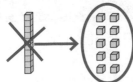

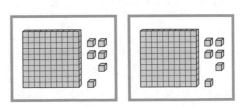

Chaque groupe contient une représentation du nombre 106.   212 ÷ 2 = 106

1 **Trouve** le résultat de chaque division. **Utilise** la représentation du dividende pour t'aider.

a) 406 ÷ 2 = ☐

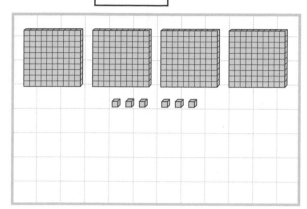

b) 252 ÷ 2 = ☐

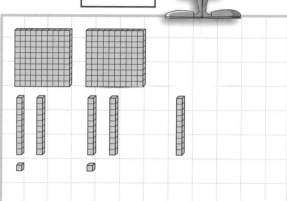

2 **Représente** les divisions. **Écris** les quotients.

a) 440 ÷ 4 = ☐

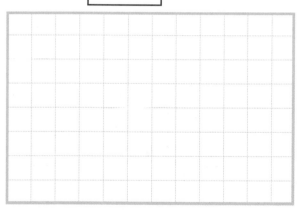

b) 99 ÷ 3 = ☐

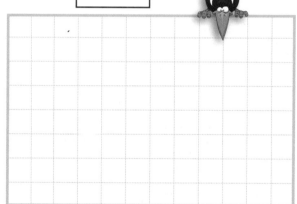

c) 226 ÷ 2 = ☐

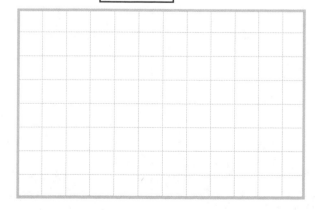

d) 142 ÷ 2 = ☐

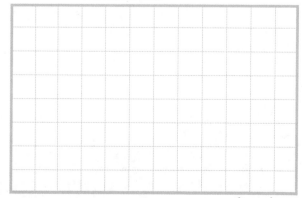

3 **Trouve** le résultat de chaque division. Au besoin, **représente**-la.

a) $88 \div 4 =$ ⬚

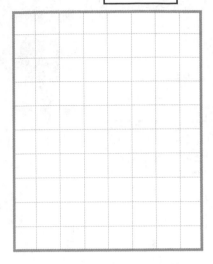

b) $336 \div 3 =$ ⬚

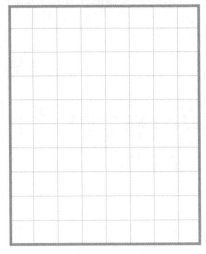

c) $303 \div 3 =$ ⬚

d) $428 \div 2 =$ ⬚

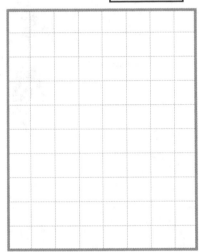

e) $42 \div 3 =$ ⬚

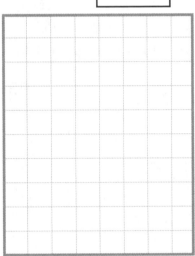

f) $72 \div 3 =$ ⬚

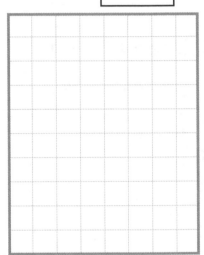

g) $122 \div 2 =$ ⬚

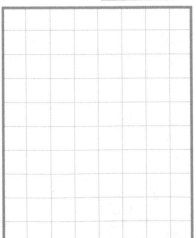

h) $129 \div 3 =$ ⬚

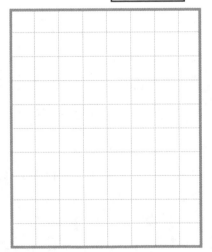

i) $56 \div 4 =$ ⬚

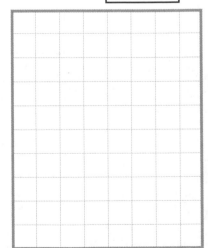

4 **Résous** les problèmes.

a) À la fête des employés de l'animalerie, il y a 126 personnes. Elles forment 6 groupes égaux pour participer à un jeu. Combien de personnes y aura-t-il dans chaque groupe ?

Il y aura ⬚ personnes dans chaque groupe.

b) Charlotte a 129 photos de son chat Toufu. Elle veut les répartir également dans 3 albums. Combien de photos mettra-t-elle dans chaque album ?

Charlotte mettra ⬚ photos dans chaque album.

c) Les 4 singes du zoo se partagent également 416 arachides. Combien d'arachides chaque singe aura-t-il ?

Chaque singe aura ⬚ arachides.

Je raisonne

Monsieur Éric a acheté 3 sacs de 30 pommes et 2 caisses de 75 pommes pour nourrir ses chevreuils. Il veut répartir également ses pommes à 4 endroits différents. Combien de pommes doit-il placer à chaque endroit ?

Combien y a-t-il de rectangles comme celui-ci dans le grand rectangle suivant ?

Il y en a [   ].

J'apprends

▶ La division avec reste

Diviser, c'est partager une quantité en un certain nombre de groupes égaux. Parfois, le résultat d'une division n'est pas un nombre naturel. Il peut y avoir un **reste** sous forme de fraction.

On peut représenter cette situation avec du matériel en base 10. Par exemple : 271 ÷ 2 .

- On représente 271.

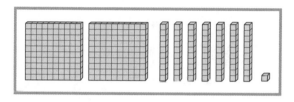

- On tente de faire 2 groupes égaux. Il reste 1 dizaine et 1 unité.

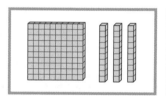

- On échange 1 dizaine contre 10 unités. On répartit les unités.

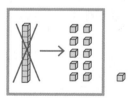

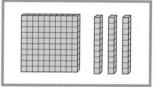

- Il reste 1 unité. On divise l'unité en 2. On obtient des demies (ou moitiés). On répartit les demies.

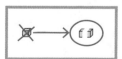

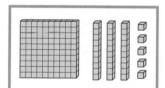

Chaque groupe contient une représentation de $135 \frac{1}{2}$.

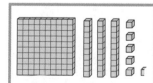

$271 \div 2 = 135 \frac{1}{2}$

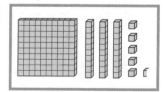

1 **Trouve** le résultat de ces divisions. **Utilise** la représentation du dividende pour t'aider. **Écris** le reste sous forme de fraction.

a) 245 ÷ 2 = [   ]

b) 221 ÷ 2 = [   ]

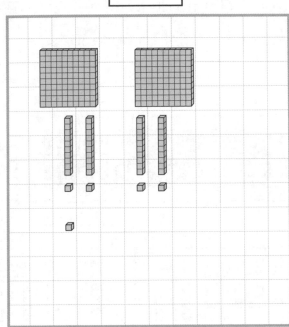

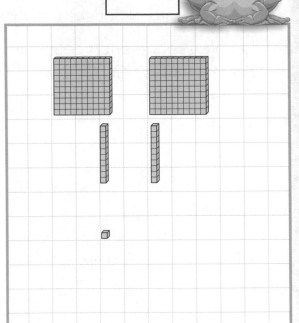

2 **Représente** chaque division. **Trouve** le quotient. **Écris** le reste sous forme de fraction.

a) 227 ÷ 2 = [   ]

b) 67 ÷ 2 = [   ]

c) 85 ÷ 2 = [   ]

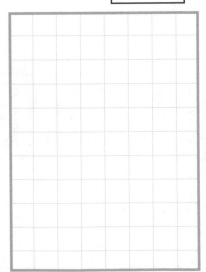

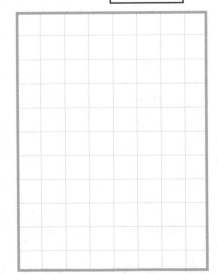

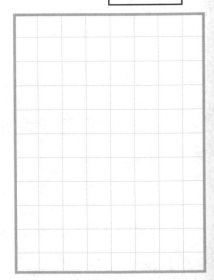

d) $213 \div 2 = $ ☐

e) $334 \div 3 = $ ☐

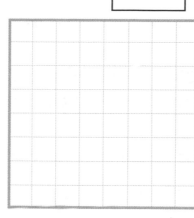

Une unité partagée en 2 donne des demies ($\frac{1}{2}$). Partagée en 3, elle donne des tiers ($\frac{1}{3}$). En 4, elle donne des quarts ($\frac{1}{4}$) et ainsi de suite.

3 | **Résous** les problèmes.

a) Sur la terrasse, 2 oiseaux mangent 67 morceaux de pain. Si chaque oiseau mange une part égale, combien de morceaux de pain chacun mangera-t-il?

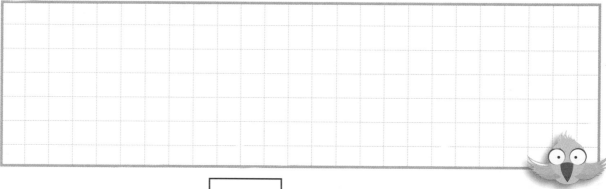

Chaque oiseau mangera ☐ morceaux de pain.

b) Madame Élaine a fabriqué 125 balles de laine avec la laine de ses 2 moutons. Cela représente combien de balles de laine par mouton?

Cela représente ☐ balles de laine par mouton.

Je raisonne

Édouard et Sarah fabriquent des costumes d'animaux à l'aide de bouts de laine de 1 cm.

- Édouard a besoin de 236 bouts de laine pour faire une grande oreille d'un costume et de 127 bouts de laine pour faire une petite oreille.

- Sarah utilise 2 fois moins de bouts de laine qu'Édouard.

Combien de bouts de laine Sarah utilise-t-elle pour faire les 2 oreilles d'un costume ?

2 fois moins, ça veut dire la même quantité divisée par 2.

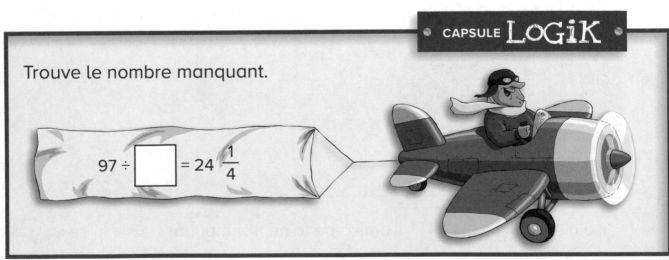

CAPSULE LOGIK

Trouve le nombre manquant.

$$97 \div \boxed{} = 24\frac{1}{4}$$

J'apprends

▶ Les fractions équivalentes

Les **fractions équivalentes** sont des fractions qui
représentent la même valeur par rapport à un tout.
Ce **tout** peut être un **entier** ou une **collection**.

Fractions équivalentes dans un entier

$\dfrac{1}{2}$

$\dfrac{2}{4}$

$\dfrac{4}{8}$

Les fractions $\dfrac{1}{2}$, $\dfrac{2}{4}$
et $\dfrac{4}{8}$ sont équivalentes,
car elles représentent
toutes la même surface
(la moitié du tout).

Fractions équivalentes dans une collection

Il y a 4 billes rouges dans
ce sac de 16 billes.

On peut dire que les 4 billes rouges
représentent :

- 1 groupe sur 4 $\dfrac{1}{4}$

- 2 groupes sur 8 $\dfrac{2}{8}$

- 4 groupes sur 16 $\dfrac{4}{16}$

Les fractions $\dfrac{1}{4}$, $\dfrac{2}{8}$ et $\dfrac{4}{16}$
sont équivalentes, car elles
représentent toutes le même
nombre de billes (4 billes sur 16).

1 **Écris** les numérateurs et les dénominateurs qui manquent pour que les 2 fractions soient équivalentes.

> Le numérateur est le nombre de parties considérées.
> Le dénominateur est le nombre total de parties équivalentes.

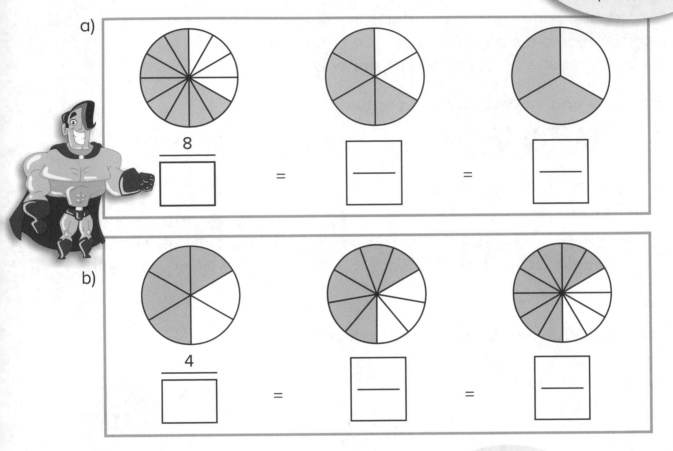

a) $\dfrac{8}{\boxed{}} = \dfrac{\boxed{}}{\boxed{}} = \dfrac{\boxed{}}{\boxed{}}$

b) $\dfrac{4}{\boxed{}} = \dfrac{\boxed{}}{\boxed{}} = \dfrac{\boxed{}}{\boxed{}}$

> Une demie et une moitié, c'est pareil.

2 **Écris** le numérateur et le dénominateur qui manquent pour que les 2 fractions soient équivalentes.

a) $\dfrac{1}{2}$
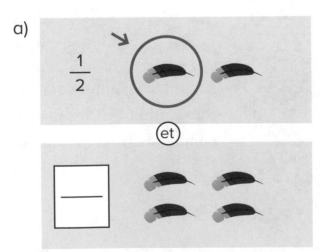
(et)

b) $\dfrac{2}{3}$
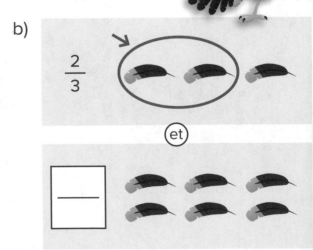
(et)

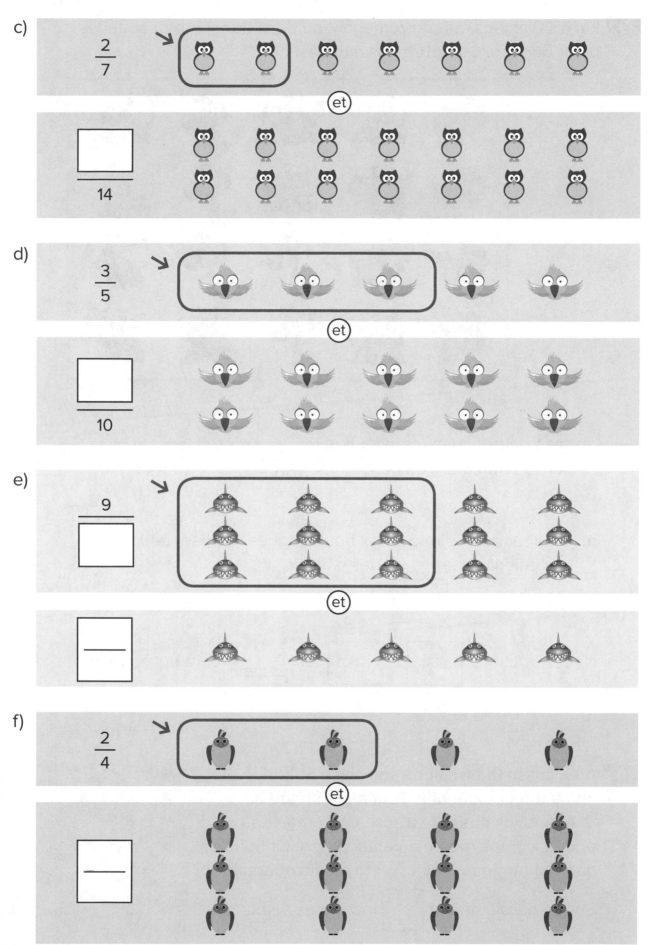

3 Il y a 20 chiens qui se promènent au parc. Parmi eux, 4 sont des bouledogues. **Complète** les phrases.

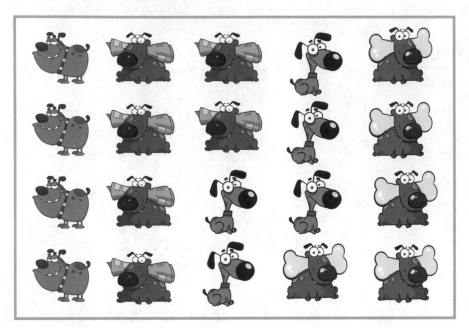

a) Les bouledogues représentent $\dfrac{\boxed{}}{20}$ des chiens qui se promènent au parc.

b) On peut aussi dire que les bouledogues représentent $\dfrac{\boxed{}}{5}$ des chiens ou $\dfrac{2}{\boxed{}}$ des chiens.

c) Les fractions $\dfrac{\boxed{}}{20}$, $\dfrac{\boxed{}}{5}$ et $\dfrac{2}{\boxed{}}$ sont équivalentes.

4 Alex casse le biscuit de son chien Sultan en 4 morceaux égaux. Sultan en mange 3. Si Alex avait cassé le biscuit en 12 morceaux égaux, combien de morceaux de biscuit Sultan aurait-il mangés pour avoir la même quantité ?

Sultan aurait mangé $\boxed{}$ morceaux de biscuit.

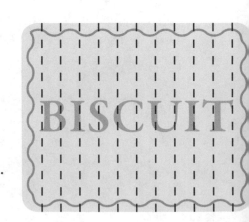

Je raisonne

La couleur préférée de Jasmin est le noir. À l'animalerie,
il a remarqué que :

- $\dfrac{1}{3}$ des 12 chiens sont noirs ;
- $\dfrac{2}{5}$ des 15 chats sont noirs ;

- $\dfrac{1}{4}$ des 8 oiseaux sont noirs.

Combien d'animaux noirs Jasmin a-t-il vus à l'animalerie ?

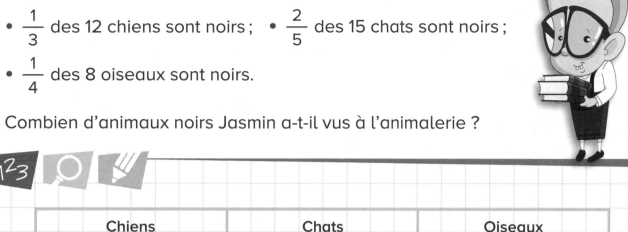

| | Chiens | Chats | Oiseaux |

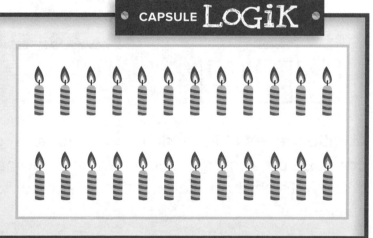

CAPSULE LOGIK

Partage ce gâteau en 6 parties
ayant chacune le même nombre
de bougies. Ne fais que 3 traits.

31

La gueule du héros

L'appartement de Makéto a pris feu. Son chat a tellement eu peur qu'il s'est jeté par la fenêtre du troisième étage. Heureusement, un des personnages attroupés autour de l'immeuble a réussi à attraper le félin.

Pour trouver le héros qui a sauvé le chat de Makéto, cherche ces personnages dans les pages 3 à 31. Près de chaque personnage se trouve un nombre. Reporte ce nombre dans les cases ci-dessous en écrivant un seul chiffre par case.

Additionne les chiffres de chaque nombre, puis multiplie le résultat par 4. Le personnage qui obtiendra le nombre 20 est le héros qui a sauvé le chat de Makéto. Entoure-le sur la page de droite.

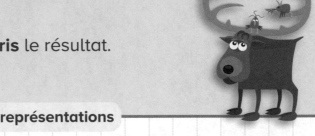

1 **Représente** chaque division. **Écris** le résultat.

a) $410 \div 2 =$ ☐

Mes représentations

b) $505 \div 5 =$ ☐

Mes représentations

c) $424 \div 4 =$ ☐

Mes représentations

d) $375 \div 3 =$ ☐

Mes représentations

2 **Représente** chaque division. **Trouve** le quotient. **Écris** le reste sous forme de fraction.

a) 89 ÷ 2 = ⬚

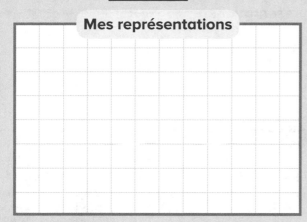

Mes représentations

b) 445 ÷ 4 = ⬚

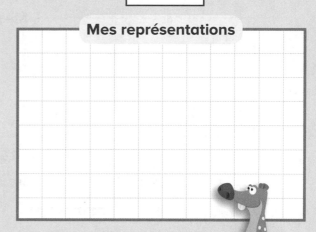

Mes représentations

c) 101 ÷ 2 = ⬚

Mes représentations

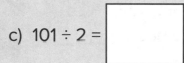

d) 77 ÷ 4 = ⬚

Mes représentations

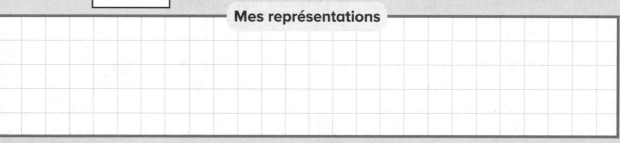

e) 55 ÷ 3 = ⬚

Mes représentations

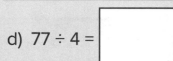

3 **Résous** les problèmes.

a) Gaston a **456** lettres à livrer. Il décide d'en livrer une
quantité égale au cours des **4** prochains jours. Combien
de lettres par jour livrera-t-il ?

Mes représentations

Gaston livrera ⬚ lettres par jour.

b) Honoré a pêché **69** poissons. Il veut les donner à ses
2 voisins. Combien de poissons donnera-t-il à chaque
voisin s'il veut leur en donner un nombre égal ?

Mes représentations

Honoré donnera ⬚ poissons à chaque voisin.

c) Léopold a creusé **84** trous en **6** jours. S'il a creusé
le même nombre de trous chaque jour, combien
de trous a-t-il creusés par jour ?

Mes représentations

Léopold a creusé ⬚ trous par jour.

4 **Colorie** le nombre d'animaux nécessaires pour représenter la fraction indiquée. **Écris** la fraction équivalente.

a) $\dfrac{2}{3}$

b) $\dfrac{2}{5}$

c) $\dfrac{3}{4}$

d) $\dfrac{1}{3}$

e) $\dfrac{2}{4}$

5 Carlos veut construire une niche pour son chien. Il aimerait que cette niche ait les caractéristiques suivantes :

- avoir la forme d'un solide ;
- posséder 5 faces ;
- posséder 6 sommets.

Quelle niche répond aux caractéristiques de Carlos ?

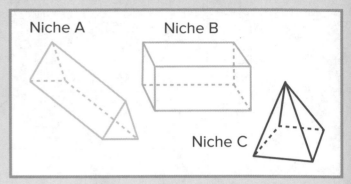

Niche A   Niche B

Niche C

6 **Trouve** les équivalences.

a) ☐ m = 20 dm = 200 cm = ☐ mm

b) 0,98 m = ☐ dm = 98 cm = ☐ mm

7 Voici le plan d'un refuge pour animaux.

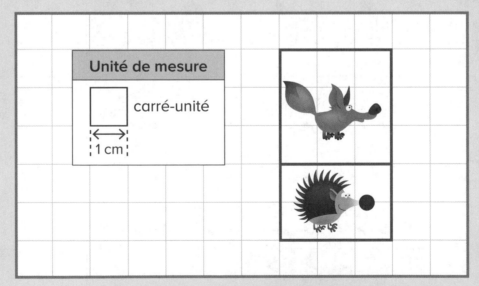

Unité de mesure
☐ carré-unité
↔ 1 cm

Trouve le périmètre et l'aire de l'espace réservé à chaque animal.

a) Périmètre : ☐ cm   b) Périmètre : ☐ cm

Aire : ☐ carrés-unités   Aire : ☐ carrés-unités

8 Les moutons Dixie et Lou participent à la Grande Course annuelle des moutons. Ce diagramme à ligne brisée montre le temps qu'ils ont pris pour parcourir les 4 étapes de cette course. **Observe**-le, puis **réponds** aux questions.

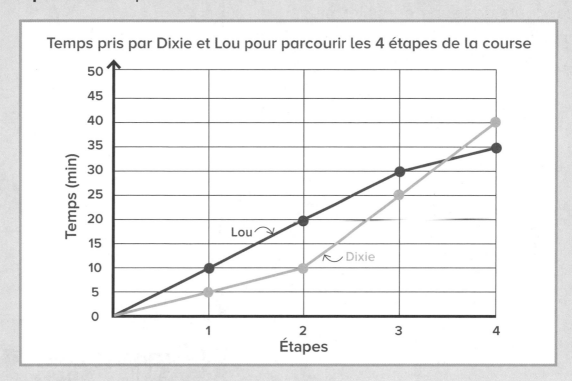

Temps pris par Dixie et Lou pour parcourir les 4 étapes de la course

a) Quel mouton a pris le moins de temps pour parcourir les 4 étapes ?

Il a pris combien de temps de moins que l'autre mouton ?

Mes calculs

b) Quel mouton a pris le moins de temps pour parcourir les 2 premières étapes ?

Il a pris combien de temps de moins que l'autre mouton ?

Mes calculs

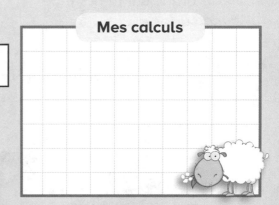

Une drôle de banderole

Stuart prépare une banderole pour le concours des superhéros les plus drôles.

Cette banderole doit avoir :

- la forme d'un rectangle ;

- une aire de 16 carrés-unités ;

- un périmètre de 20 cm ;

- les couleurs suivantes :

    - du bleu sur $\dfrac{1}{4}$ de sa surface ;

    - du jaune sur $\dfrac{1}{2}$ de sa surface ;

    - du blanc sur le reste de sa surface.

Dessine le plan de la banderole du concours.

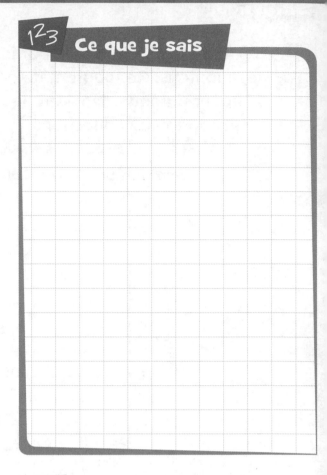

1²3 Ce que je sais

Ce que je cherche

Unité de mesure

carré-unité

1 cm

Le rouli-roulant des nombres

Ajoute des nombres de façon à poursuivre la régularité.

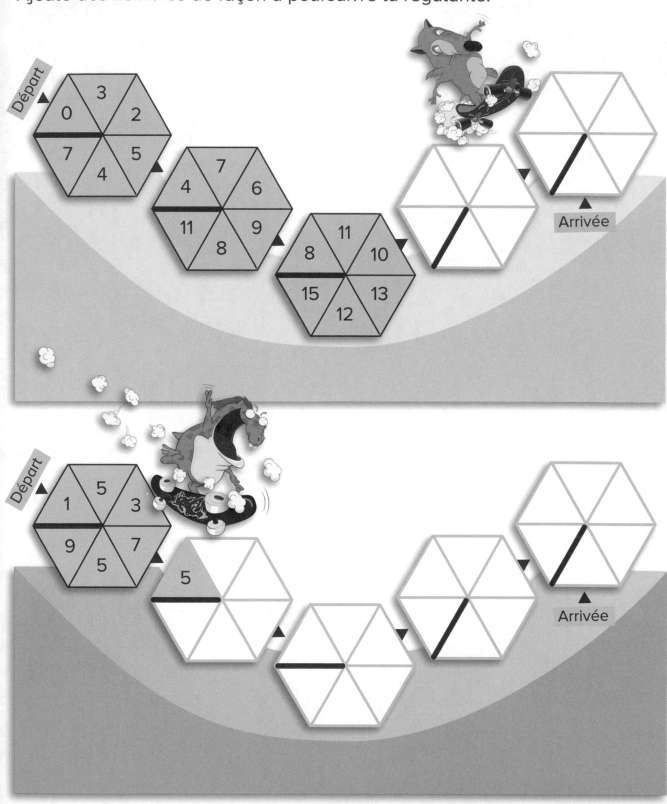

Monstres et drôles de créatures

Ce que tu vas apprendre...

J'apprends

► **L'addition et la soustraction des nombres décimaux**

On **additionne** et on **soustrait** les **nombres décimaux** de la
même manière que les nombres naturels. Il faut cependant
porter une attention particulière aux points suivants :

Rappelle-toi :
24,59
Dixièmes Centièmes

- bien aligner les chiffres selon leur valeur de position ;
- bien aligner les virgules ;
- s'assurer de reporter la virgule dans le résultat.

Voici quelques exemples.

Addition	Soustraction

Lorsque le nor
est inférieur à
met un 0 avan
la virgule.

Addition

$$78,1 + 1,5$$

$$
\begin{array}{r}
78,1 \\
+\ \ 1,5 \\
\hline
79,6
\end{array}
$$

$$12,34 + 56,48$$

$$
\begin{array}{r}
12,\overset{1}{3}4 \\
+\ 56,48 \\
\hline
68,82
\end{array}
$$

On peut ajouter
une virgule et des
0 pour faciliter le
calcul.

$$312 + 43,72$$

$$
\begin{array}{r}
312,00 \\
+\ \ \ 43,72 \\
\hline
355,72
\end{array}
$$

Soustraction

$$46,8 - 0,2$$

$$
\begin{array}{r}
46,8 \\
-\ \ 0,2 \\
\hline
46,6
\end{array}
$$

$$34,56 - 12,71$$

$$
\begin{array}{r}
3\overset{3}{4},\overset{1}{5}6 \\
-\ 12,71 \\
\hline
21,85
\end{array}
$$

$$46 - 13,7$$

$$
\begin{array}{r}
4\overset{5}{6},\overset{1}{0} \\
-\ 13,7 \\
\hline
32,3
\end{array}
$$

On peut ajouter
une virgule et un
0 pour faciliter
l'emprunt.

Je m'exerce

1 **Trouve** le résultat de ces additions.

a) 72,1 + 5,8 =

b) 10,12 + 76,2 =

c) 4,2 + 0,9 =

d) 3,51 + 4,76 =

e) 57,5 + 34,07 =

f) 10 + 56,8 =

2 **Trouve** le résultat de ces soustractions.

a) 19,92 − 18,21 =

b) 50,92 − 21,8 =

c) 49,03 − 21,4 =

d) 42,75 − 1,61 =

e) 5,98 − 0,7 =

f) 400 − 285,8 =

3 **Trouve** le résultat de ces opérations.

a) 45,21 + 30,2 = ☐

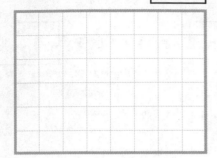

b) 70 + 43,46 = ☐

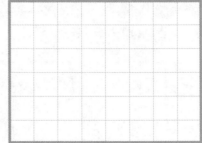

c) 18 − 0,4 = ☐

d) 66,43 − 21,08 = ☐

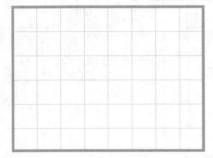

e) 88,7 − 44,9 = ☐

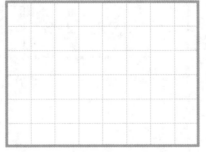

f) 45,1 − 44,8 = ☐

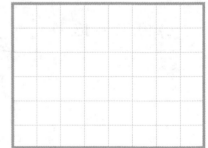

g) 140,43 − 23,4 = ☐

h) 0,6 + 25,21 = ☐

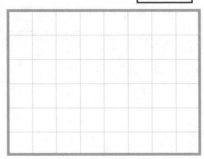

i) 200 + 0,02 = ☐

j) 34,78 + 43,21 = ☐

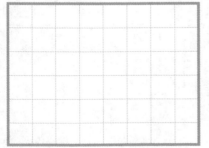

k) 155 + 0,21 = ☐

l) 200,6 + 4,34 = ☐

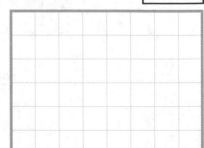

4 Les monstres font une course. La course se déroule sur 2 trajets.
Voici la distance parcourue par chaque monstre sur chaque trajet.

	Poilu	Grosse dent	Charlie	Omega
Trajet 1	74,5 m	56,78 m	112 m	136,9 m
Trajet 2	91,32 m	48,9 m	98,98 m	63,1 m
Distance totale				

a) **Calcule** la distance totale parcourue par chaque monstre.
Écris tes résultats dans le tableau.

Mes calculs

Poilu	Grosse dent	Charlie	Omega

b) Combien de mètres Grosse dent a-t-il parcourus de moins que Charlie ?

Mon calcul

Grosse dent a parcouru ☐ m de moins que Charlie.

c) Combien de mètres Omega a-t-il parcourus de plus que Poilu ?

Mon calcul

Omega a parcouru ☐ m de plus que Poilu.

5 **Résous** ces problèmes.

a) Criquette fait pousser une plante. Au début, sa plante mesurait 15,67 cm. Maintenant, elle mesure 90,9 cm. De combien de centimètres la plante a-t-elle poussé ?

La plante a poussé de ☐ cm.

Mon calcul

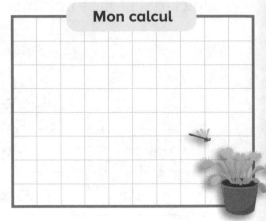

b) Les monstres font une promenade. Ils ont parcouru 89,2 m. Il leur reste 110,8 m à parcourir. Combien de mètres auront-ils parcourus à la fin de leur promenade ?

Les monstres auront parcouru ☐ m à la fin de leur promenade.

Mon calcul

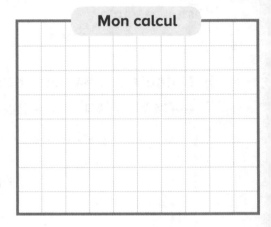

c) Timothée a acheté un déguisement de monstre qui coûtait 8,98 $. Il avait 20 $ dans son porte-monnaie. Combien d'argent lui reste-t-il ?

Il lui reste ☐ .

Mon calcul

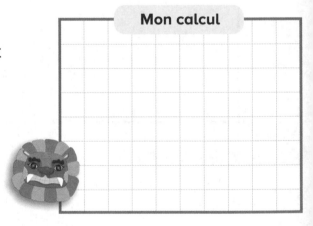

d) Josh veut aller au spectacle du groupe Cro-Magnon fusion. Un billet coûte 14,87 $. Josh a 8,68 $. Combien d'argent lui manque-t-il ?

Il lui manque ☐ .

Mon calcul

Je raisonne

Coquette a 18,54 $ dans sa tirelire. Elle veut acheter 2 cadeaux pour l'anniversaire de sa copine. Elle achète un album photos à 9,99 $ et une gomme à effacer en forme de cœur à 2,75 $. Combien d'argent lui reste-t-il après ses achats ?

Louna a acheté 4 articles avant de partir en voyage. Elle a acheté 2 modèles de 2 articles différents. Elle a dépensé 54 $. Quels sont les articles que Louna a achetés ?

Lunettes de soleil :

Crème solaire :

Serviette de plage :

Parasol :

4,50 $

22,50 $

25,10 $

4,30 $

J'apprends

► La multiplication

Il existe une méthode pour **multiplier** un **facteur** par un autre facteur afin de trouver leur **produit**. Cette méthode peut être représentée avec du **matériel en base 10**. Voici comment trouver le produit de 145×2 à l'aide de cette méthode.

On place les 2 facteurs à la verticale. On représente le 1er facteur avec le matériel en base 10.	$\begin{array}{r} 1\,4\,5 \\ \times \quad 2 \\ \hline \end{array}$	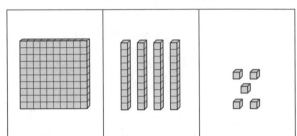
1 On multiplie le 2e facteur (celui du bas) par les <u>unités</u> du 1er facteur (celui du haut). Ici, le produit de 2×5 est 10. On écrit donc 0 à la position des unités du produit et 1 en retenue au-dessus des dizaines du 1er facteur.	$\begin{array}{r} \overset{1}{1}\,4\,5 \\ \times \quad 2 \\ \hline 0 \end{array}$	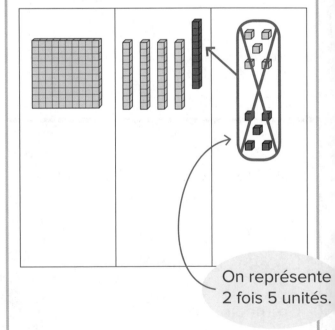 On représente 2 fois 5 unités.

2 On multiplie le 2ᵉ facteur (celui du bas) par les <u>dizaines</u> du 1ᵉʳ facteur (celui du haut).

Ici, on obtient $2 \times 4 = 8$. On ajoute le chiffre en retenue, ce qui fait 9. On écrit donc 9 à la position des dizaines du produit.

$$\begin{array}{r} \overset{1}{1}\overset{}{4}5 \\ \times\quad 2 \\ \hline 9\,0 \end{array}$$

On représente 2 fois 4 dizaines.

3 On multiple le 2ᵉ facteur (celui du bas) par les <u>centaines</u> du 1ᵉʳ facteur (celui du haut).

Ici, on trouve $2 \times 1 = 2$. On écrit donc 2 à la position des centaines du produit.

$$\begin{array}{r} \overset{1}{1}45 \\ \times\quad 2 \\ \hline 2\,9\,0 \end{array}$$

On représente 2 fois 1 centaine.

On constate que le produit de 145 × 2 est 290.

$$\begin{array}{r} \overset{1}{1}45 \\ \times\quad 2 \\ \hline 2\,9\,0 \end{array}$$

2	9	0

1 **Trouve** le résultat de ces multiplications. **Utilise** les représentations pour t'aider. **Fais** les échanges au besoin.

a) 132
  × 2

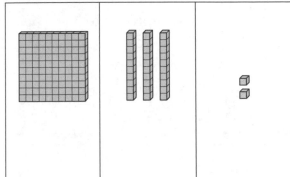

b) 140
  × 2

c) 141
  × 3

d) 135
  × 3

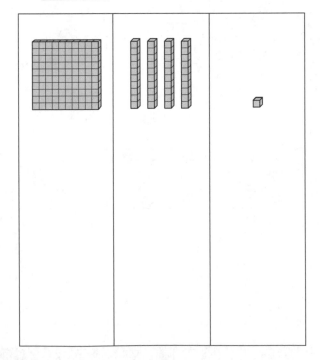

Trouve les produits. Au besoin, **représente** les multiplications.

a)
```
   25
 ×  3
```
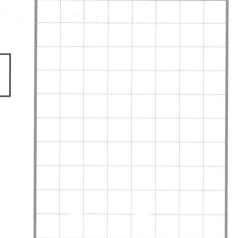

b)
```
  123
 ×  2
```
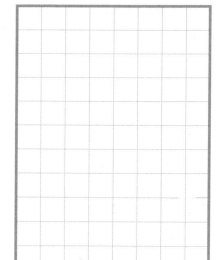

c)
```
   24
 ×  4
```
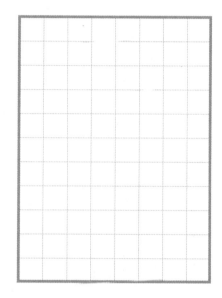

d)
```
   15
 ×  3
```

e)
```
   22
 ×  4
```
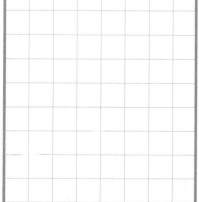

f)
```
  102
 ×  4
```
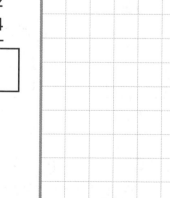

3 **Trouve** les produits. Au besoin, **représente** les multiplications.

a) 32
  × 3
  [   ]

b) 102
  × 4
  [   ]

c) 24
  × 3
  [   ]

d) 71
  × 2
  [   ]

e) 29
  × 5
  [   ]

f) 57
  × 4
  [   ]

g) 130
  × 6
  [   ]

h) 55
  × 5
  [   ]

i) 92
  × 4
  [   ]

j) 84
  × 7
  [   ]

k) 152
  × 6
  [   ]

l) 278
  × 2
  [   ]

Mes représentations

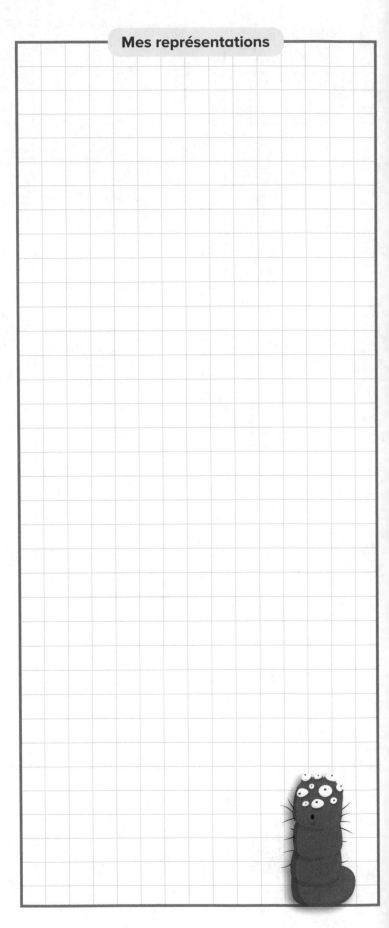

4 **Résous** ces problèmes.

a) Grégoire a 3 caisses de
34 masques. Combien
de masques a-t-il en tout ?

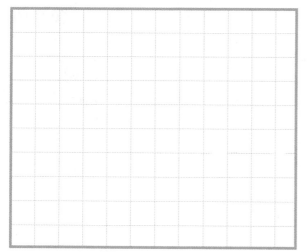

Grégoire a ⬚ masques.

b) Mystéro a mangé 3 sacs
de 41 pistaches. Combien de
pistaches a-t-il mangées
en tout ?

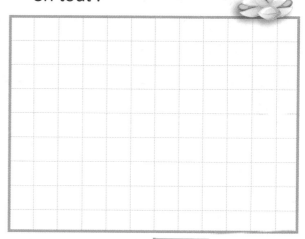

Mystéro a mangé ⬚ pistaches.

c) À l'école des monstres, il y a
3 classes de 26 petits monstres
qui apprennent à compter.
Combien y a-t-il de petits monstres
qui apprennent à compter ?

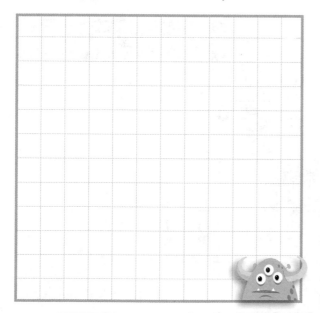

Il y a ⬚ petits monstres qui
apprennent à compter.

d) La distance entre l'école et la
maison de Floc est de 104 m.
La distance entre l'école et la
maison de Plouf est 3 fois plus
longue. Quelle est la distance
entre l'école et la maison de
Plouf ?

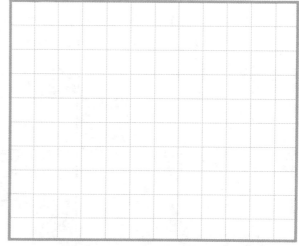

La distance entre l'école et la
maison de Plouf est de ⬚ m.

Je raisonne

C'est le grand rassemblement des monstres à 3 têtes.
Une carte d'invitation a été envoyée à chacune des têtes
des 48 monstres. 138 têtes de monstres sont venues
au rassemblement. Combien de monstres à 3 têtes
ne sont pas venus au rassemblement ?

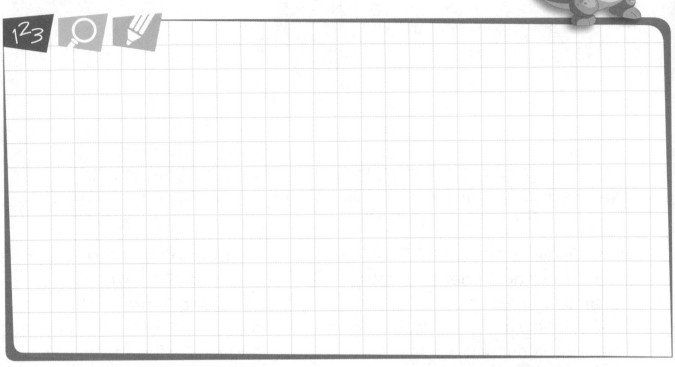

CAPSULE LOGiK

Complète la grille en écrivant les produits dans les cases.

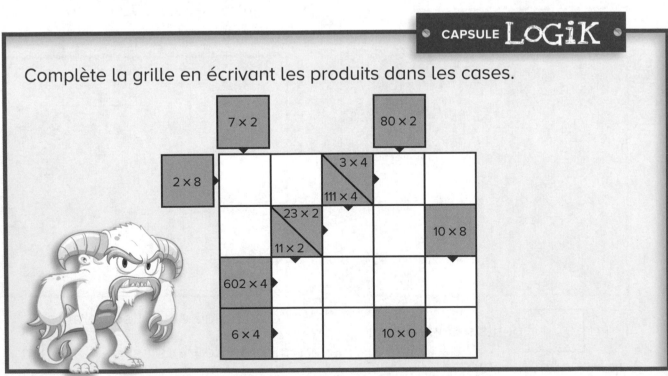

J'apprends

▶ L'arrondissement des nombres naturels

Arrondir un nombre, c'est le remplacer par une valeur rapprochée. Par exemple, on peut arrondir un nombre à la dizaine, à la centaine ou à l'unité de mille près.

Arrondir à l'aide d'une droite numérique

Par exemple, pour arrondir un nombre à la centaine près, on le remplace par le nombre qui correspond à la centaine la plus près.

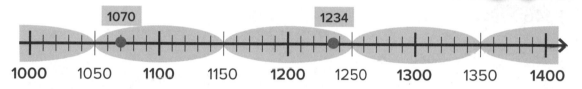

- 1070 est plus près de 1100 que de 1000.
  1070, arrondi à la centaine près, donne 1100.

- 1234 est plus près de 1200 que de 1300.
  1234, arrondi à la centaine près, donne 1200.

Arrondir étape par étape

Il existe une méthode pour arrondir sans utiliser la droite numérique. Voici comment arrondir 1234 <u>à la centaine près</u> à l'aide de cette méthode.

1 On observe le chiffre placé à droite du chiffre des centaines.

2 Si le chiffre à droite des centaines est inférieur à 5, on laisse le chiffre des centaines tel quel.
Si ce chiffre avait été égal ou supérieur à 5, on aurait augmenté de 1 le chiffre des centaines.

3 On remplace par 0 tous les chiffres à droite des centaines.

On constate que 1234, arrondi à la centaine près, donne 1200.

1 **Fais un X** dans la case appropriée pour indiquer si le nombre est arrondi à la dizaine, à la centaine ou à l'unité de mille près.

	Nombre arrondi		Arrondi à la dizaine	Arrondi à la centaine	Arrondi à l'unité de mille
a) 346	350	→			
b) 3405	3000	→			
c) 653	700	→			
d) 1450	1500	→			
e) 742	740	→			
f) 1123	1000	→			

2 **Arrondis** chaque nombre à la dizaine, à la centaine et à l'unité de mille près. **Assure**-toi de toujours revenir au nombre de départ.

Nombre de départ		Arrondi à la dizaine	Arrondi à la centaine	Arrondi à l'unité de mille
a) 1045	→			
b) 4456	→			
c) 1346	→			
d) 134	→			
e) 5098	→			
f) 8876	→			
g) 2762	→			

► ## L'arrondissement des nombres décimaux

Arrondir un nombre, c'est le remplacer par une valeur rapprochée. On arrondit les **nombres décimaux** de la même manière que les nombres naturels. Par exemple, on peut arrondir un nombre décimal à l'unité ou au dixième près.

Voici comment arrondir 4,57 <u>au dixième près</u>.

---

1 On observe le chiffre placé à droite du chiffre des dixièmes.

4,⑤7

2 Si le chiffre à droite des dixièmes est égal ou supérieur à 5, on augmente de 1 le chiffre des dixièmes.
Si ce chiffre avait été inférieur à 5, on aurait laissé le chiffre des dixièmes tel quel.

6
4,5̷7

3 On remplace par 0 tous les chiffres à droite des dixièmes.

0
4,⑥7̷

On constate que 4,57, arrondi au dixième près, donne 4,60 ou 4,6.

Ici, on n'est pas obligé d'écrire 0 quand il n'y a pas de centième.

Je m'exerce

1 **Fais un X** dans la case appropriée pour indiquer si chaque nombre est arrondi au dixième, à l'unité ou à la dizaine près.

	Nombre arrondi		Arrondi au dixième	Arrondi à l'unité	Arrondi à la dizaine
a) 24,61	25	→			
b) 5,32	5,3	→			
c) 192,64	190	→			
d) 70,85	70,9	→			

2 **Arrondis** chaque nombre au dixième près.

a) 34,14 ☐   b) 12,91 ☐   c) 5,87 ☐

d) 7,62 ☐   e) 21,55 ☐   f) 51,21 ☐

3 **Arrondis** chaque nombre à l'unité près.

a) 345,78 ☐   b) 111,99 ☐   c) 289,19 ☐

d) 830,51 ☐   e) 302,09 ☐   f) 99,87 ☐

4 **Remplis** le tableau. Assure-toi de revenir au nombre de départ.

Nombre de départ	Arrondi au dixième	Arrondi à l'unité	Arrondi à la dizaine	Arrondi à la centaine
a) 104,61		105		
b) 159				
c) 71,9			70	
d) 8,34				
e) 67,2				
f) 205,29				
g) 58,1				
h) 148,38	148,4			
i) 100,31				

5 Voici les spéciaux de la semaine au marché Monstrueux.

a) **Arrondis** chaque montant à l'unité près.

Marché Monstrueux
Spéciaux de la semaine

			Montant arrondi
Œuf de lézard	3,65 $ l'unité	→	
Vers de terre au chocolat	1,99 $ la boîte	→	
Céréales de cactus	4,56 $ la boîte	→	
Lait vieilli	6,65 $ le litre	→	
Friandises à la moutarde	6,21 $ le paquet	→	
Jus de limace	14,19 $ le litre	→	

b) Maria a acheté 3 produits. Elle dit avoir dépensé environ 20 $. Quels produits a-t-elle achetés ? **Trouve**-les à l'aide des nombres arrondis.

c) **Vérifie** ta réponse en utilisant les montants non arrondis. Utilise une calculatrice. Ta réponse est-elle la même qu'à la question précédente ?

d) Selon toi, quelle est l'utilité de calculer avec des nombres arrondis ?

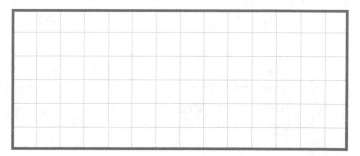

Le spectacle d'humour des monstres fait fureur. Ce tableau montre le nombre de spectateurs à chacune des représentations.

Lundi	Mardi	Mercredi	Jeudi	Vendredi	Samedi	Dimanche
98	101	189	220	210	194	120

Verdi arrondit chaque nombre à la centaine et en conclut qu'il y a eu plus de 1000 spectateurs au total.
A-t-elle raison ?

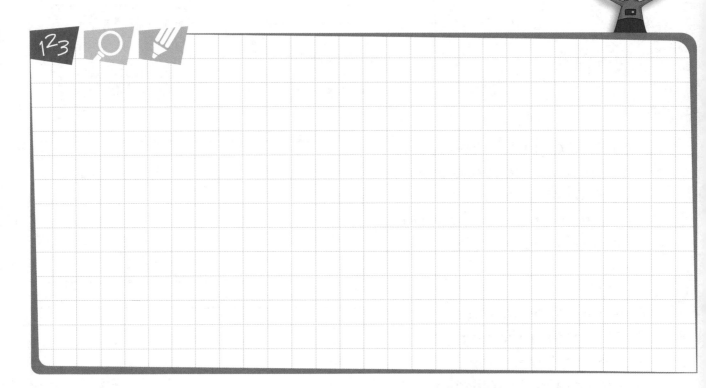

CAPSULE LOGiK

Fais un X sur tous les nombres non arrondis
à la dizaine ou à la centaine près.

880	200	1450	2836	420	3009	4480
555	1020	943	5210	292	710	6005

J'apprends

▶ Les nombres composés

Un **nombre composé** est un nombre qu'on peut représenter par des groupes égaux de 2 objets ou plus.

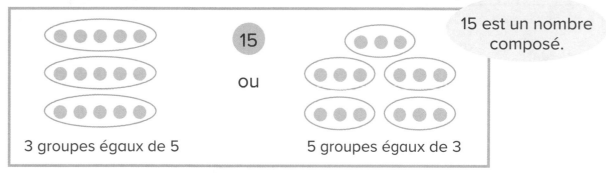

15

ou

15 est un nombre composé.

3 groupes égaux de 5   5 groupes égaux de 3

▶ Les nombres premiers

Un **nombre premier** est un nombre qu'on ne peut pas représenter par des groupes égaux de 2 objets ou plus, car il y a un reste.

On considère que 0 et 1 ne sont ni des nombres premiers ni des nombres composés.

11 est un nombre premier.

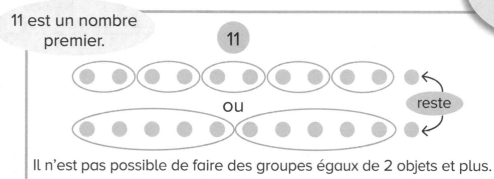

11

ou

reste

Il n'est pas possible de faire des groupes égaux de 2 objets et plus.

▶ Les nombres carrés

Un **nombre carré** est un nombre qui possède 2 facteurs identiques. On peut le représenter à l'aide d'un carré dont les côtés ont le même nombre de carrés-unités que ce facteur.

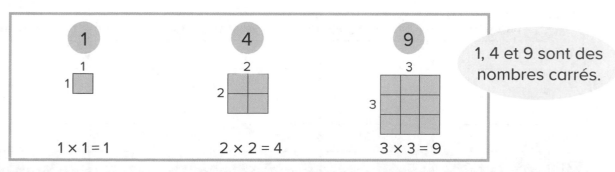

1, 4 et 9 sont des nombres carrés.

1 × 1 = 1   2 × 2 = 4   3 × 3 = 9

Je m'exerce

1 **Complète** la phrase, puis **représente** le nombre carré.

a) 16 est un nombre carré,

parce que ☐ × ☐ = 16.

b) 49 est un nombre carré,

parce que ☐ × ☐ = 49.

c) 25 est un nombre carré,

parce que ☐ × ☐ = 25.

d) 36 est un nombre carré,

parce que ☐ × ☐ = 36.

2 **Fais un X** aux bons endroits dans le tableau.

	Nombre pair	Nombre impair	Nombre premier	Nombre composé	Nombre carré
a) 4					
b) 5					
c) 10					
d) 13					
e) 21					

3 Vrai ou faux ? **Justifie** ta réponse.

exemple 10 est un nombre composé.

	Vrai	Faux

10 peut être représenté par 2 groupes de 5 objets.

⬤⬤⬤⬤⬤ ⬤⬤⬤⬤⬤

Vrai : X

a) 7 est un nombre premier.

b) 16 est un nombre carré.

c) 14 est un nombre premier.

d) 9 est un nombre premier.

4 **Continue** les suites de nombres. **Indique** s'il s'agit d'une suite de nombres premiers, de nombres composés ou de nombres carrés.

a) 1 4 9 ☐ ☐ ☐   Ce sont des nombres ☐ .

b) 2 3 5 ☐ 11 ☐   Ce sont des nombres ☐ .

c) 4 6 8 9 ☐ ☐   Ce sont des nombres ☐ .

Le monstre bricoleur adore les nombres carrés. Le dallage du plancher de sa cuisine représente les nombres carrés 1, 4 et 9. Il aimerait que le plancher de sa chambre montre aussi des nombres carrés. Dessine un dallage qui lui plairait. Indique les nombres carrés que tu as représentés.

1²3

Dallage du plancher de la cuisine :

Dallage du plancher de la chambre :

| 1 × 1 = 1 | 2 × 2 = 4 | 3 × 3 = 9 |

CAPSULE LOGiK

Trouve le nombre qui ouvrira la cage du monstre.

- Ce nombre est compris entre 430 et 450.
- C'est un nombre pair et composé.
- Il possède 3 chiffres différents.
- La somme de ses chiffres est inférieure à 13.

Nombre :

J'apprends

▶ Les facteurs premiers

Un **facteur** est un nombre qu'on multiplie par un autre nombre pour obtenir un produit. S'il s'agit d'un nombre premier, on dit que c'est un **facteur premier**.

On peut décomposer un nombre en facteurs premiers à l'aide d'un arbre des facteurs.

> Rappelle-toi :
> 1 n'est pas un nombre premier.

Voici comment procéder :

- on trouve 2 facteurs du nombre ;
- si possible, on trouve 2 facteurs pour chaque facteur obtenu ;
- on continue ainsi jusqu'à ce que tous les nombres obtenus soient des nombres premiers.

Par exemple, la décomposition de 18 en facteurs premiers donne : $2 \times 3 \times 3$.

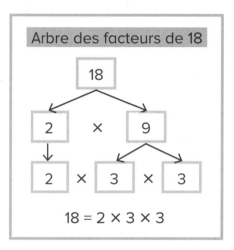

Arbre des facteurs de 18

$$18 = 2 \times 3 \times 3$$

▶ Les multiples

Un nombre est un **multiple** d'un autre nombre s'il contient ce nombre exactement 0, 1 ou plusieurs fois.

Par exemple, 12 est un multiple de 6, car 12 contient exactement 2 fois le nombre 6 ($6 \times 2 = 12$). Pour trouver les multiples d'un nombre, on le multiplie par 0, 1, 2, 3, 4 et ainsi de suite.

> 0 est un multiple de tous les nombres puisque tous les nombres multipliés par 0 donnent 0.

Les 6 premiers multiples de 6 sont donc :

0, 6, 12, 18, 24 et 30

$6 \times 0 = 0$	$6 \times 1 = 6$	$6 \times 2 = 12$
$6 \times 3 = 18$	$6 \times 4 = 24$	$6 \times 5 = 30$

Je m'exerce

1 **Complète** l'arbre des facteurs de chaque nombre.
Indique le résultat de sa décomposition en facteurs premiers.

30

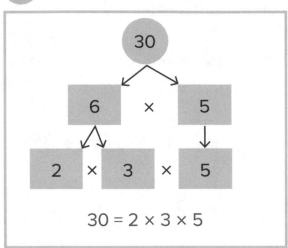

$$30 = 2 \times 3 \times 5$$

a) **70**

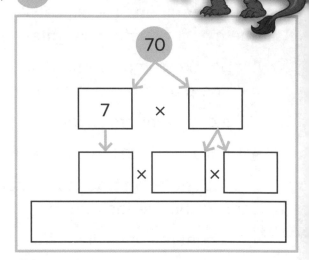

b) **25**

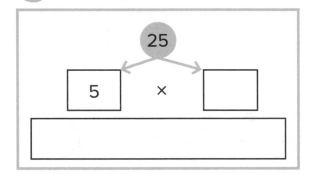

c) **21**

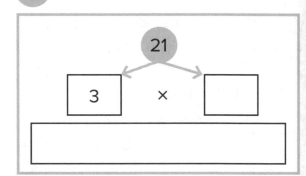

d) **16**

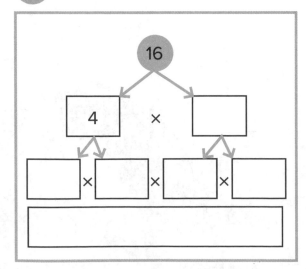

e) **32**

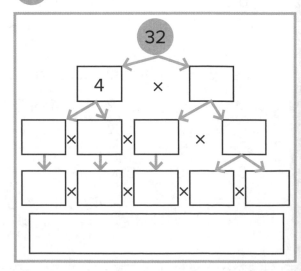

2 **Fais** l'arbre des facteurs de chaque nombre. **Indique** le résultat de sa décomposition en facteurs premiers.

a) **24**

b) **48**

c) **42**

d) **44**

e) **20**

f) **56**

3 **Écris** les 7 premiers multiples de chaque nombre.

a) 7 ☐ ☐ ☐ ☐ ☐ ☐ ☐

b) 3 ☐ ☐ ☐ ☐ ☐ ☐ ☐

c) 8 ☐ ☐ ☐ ☐ ☐ ☐ ☐

d) 9 ☐ ☐ ☐ ☐ ☐ ☐ ☐

4 **Fais un X** sur le multiple de 6 dans chaque série de nombres.

> *Tu peux utiliser une calculatrice pour faire cet exercice.*

a) 7   27   34   42   56

b) 11   14   30   46   52

c) 25   26   31   34   54

5 Le monstre marchand de glace vient en ville tous les 3 jours. Le monstre marchand de journaux vient en ville tous les 2 jours. Si les 2 marchands sont venus en ville aujourd'hui, dans combien de jours reviendront-ils en ville le même jour ?

Jour	0	1	2	3	4	5	6	7	8
Marchand de glace	X								
Marchand de journaux	X								

Les 2 marchands reviendront en ville le même jour dans ☐ .

Je raisonne

Léon et Linette commencent aujourd'hui leur entraînement pour la course de bolides spatiaux.

- Léon veut s'entraîner tous les 3 jours.
- Linette veut s'entraîner tous les 4 jours.

Dans 15 jours, combien de fois Léon et Linette se seront-ils entraînés le même jour depuis le début de leur entraînement ? Justifie ta réponse.

Jour	0	1	2	3	4	5	6	7	8	9	10	11	12	13	14	15
Léon	X															
Linette	X															

En multipliant ces 5 nombres, on obtient 1250.
Quel est le nombre représenté par la mouche ?

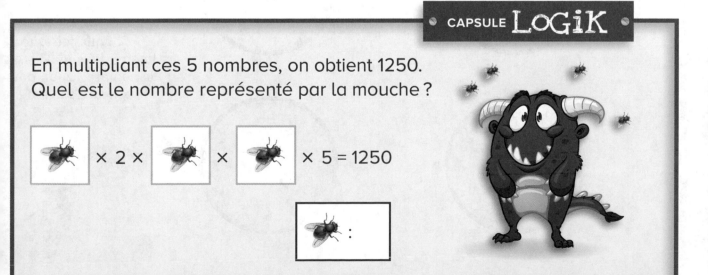

$$\boxed{\text{mouche}} \times 2 \times \boxed{\text{mouche}} \times \boxed{\text{mouche}} \times 5 = 1250$$

$\boxed{\text{mouche}}$:

J'apprends

► ## L'heure et la durée

Pour connaître l'**heure**, on consulte une horloge, un réveil ou
une montre. Ce sont tous des instruments de mesure du temps.

La **petite aiguille** indique
les heures (h).

La **grande aiguille** indique
les minutes (min).

La trotteuse indique les
secondes (s).

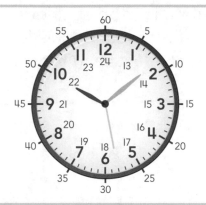

Il est 10 h 8 min 28 s
(le matin).

Il est 22 h 8 min 28 s
(le soir).

Quand on connaît l'heure du début et l'heure
de la fin d'une activité, on peut calculer sa durée.

• Une activité qui commence
à 9 h 15 et qui se termine
à 9 h 30 dure 15 minutes.

• Une activité qui commence
à 6 h 45 et qui se termine
à 7 h 15 dure 30 minutes.

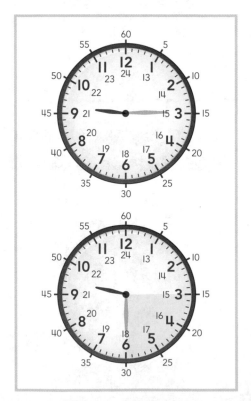

> Chaque fois que
> la grande aiguille croise
> le nombre 12, on passe
> à l'heure suivante.

Je m'exerce

1 **Écris** l'heure indiquée sur chaque horloge.

a)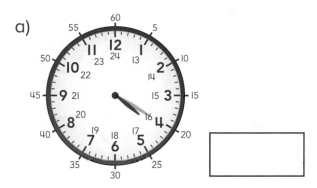

b)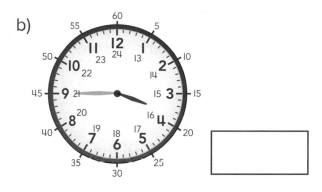

2 **Indique** la durée de chacun de ces événements.

a) Rangement de la salle de jeux.

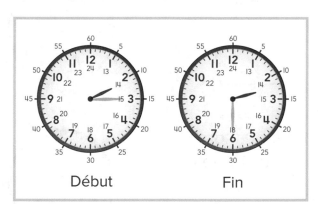

Début   Fin

Durée :

b) Période d'études.

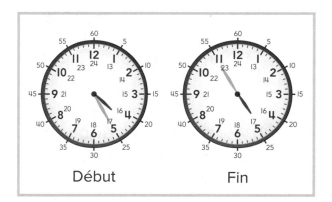

Début   Fin

Durée :

c) Partie de soccer.

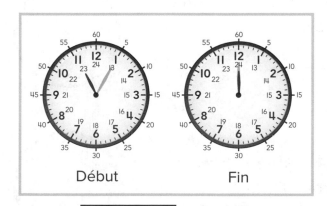

Début   Fin

Durée :

d) Spectacle de marionnettes.

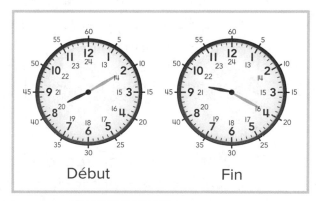

Début   Fin

Durée :

3 **Résous** ces problèmes. **Utilise** les horloges pour t'aider

a) Il est 13 h 45. Palou prévoit faire la chasse
aux papillons pendant 1 h 30. À quelle heure
terminera-t-il sa chasse ?

Palou terminera sa chasse à [   ].

b) Zack est parti à 10 h et il est revenu à 14 h 15.
Pendant combien de temps Zack est-il parti ?

Zack est parti pendant [   ].

c) Octave commence à cueillir des fleurs à midi.
Il met 45 minutes à remplir un panier. À quelle
heure aura-t-il rempli 2 paniers ?

Octave aura rempli 2 paniers à [   ].

d) Worg quitte la maison pour se rendre au marché
à 10 h 15. Il rentre 45 minutes plus tard. À quelle
heure rentre-t-il ?

Worg rentre à [   ].

e) À 7 h, Zircon demande à son ami de lui téléphoner
dans 75 minutes. À quelle heure son ami
lui téléphonera-t-il ?

Son ami lui téléphonera à [   ].

f) Pouffy fait une promenade de 12 h 30 à 13 h 15.
Combien de minutes dure sa promenade ?

La promenade de Pouffy dure [   ].

► Le volume

Le **volume** est l'espace occupé par un solide. L'espace comporte 3 dimensions : la longueur, la largeur et la hauteur. On peut mesurer le volume en cubes-unités.

Il faut tenir compte de tous les cubes-unités, même de ceux qui sont cachés.

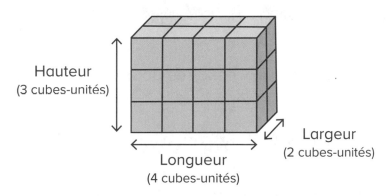

Hauteur
(3 cubes-unités)

Largeur
(2 cubes-unités)

Longueur
(4 cubes-unités)

Le volume de ce solide est de 24 cubes-unités.

► La capacité

La **capacité** est la quantité de matière qu'un objet peut contenir. La matière mesurée est souvent un liquide. On peut mesurer la capacité en **litres (l)** ou en **millilitres (ml)**.

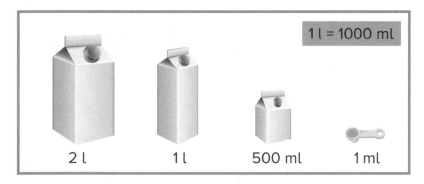

1 l = 1000 ml

2 l 1 l 500 ml 1 ml

► La masse

La **masse** est la quantité de matière d'un objet. Plus la masse est grande, plus l'objet est lourd. On peut mesurer la masse en **kilogrammes (kg)** ou en **grammes (g)**.

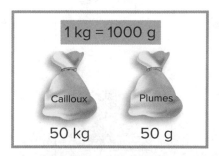

1 kg = 1000 g

Cailloux Plumes

50 kg 50 g

Je m'exerce

1 **Entoure** la bonne mesure.

a) Pour connaître le nombre de petites boîtes qui entrent dans une grande boîte, il faut mesurer :

le volume   la masse   la capacité

b) Pour trouver le nombre de litres d'eau nécessaires pour remplir un aquarium, il faut mesurer :

le volume   la masse   la capacité

c) Pour déterminer qui est la personne la plus lourde, il faut mesurer :

le volume   la masse   la capacité

2 **Remplis** le tableau.

	Longueur (en cubes-unités)	Largeur (en cubes-unités)	Hauteur (en cubes-unités)	Volume (en cubes-unités)
a)				
b)				
c)				

3 **Entoure** l'unité de mesure la plus appropriée pour mesurer la capacité de chaque objet.

a)
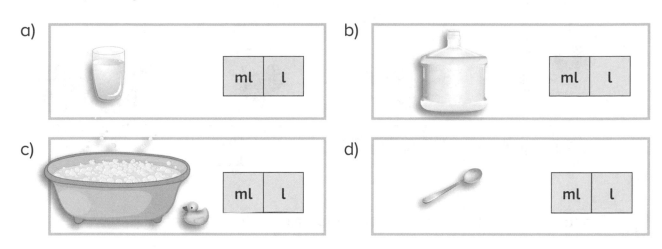
ml | l

b)
ml | l

c)
ml | l

d)
ml | l

4 **Écris** la capacité totale de chaque groupe de contenants en litres (l).

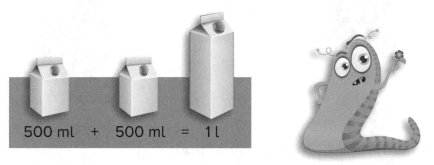

500 ml + 500 ml = 1 l

a)
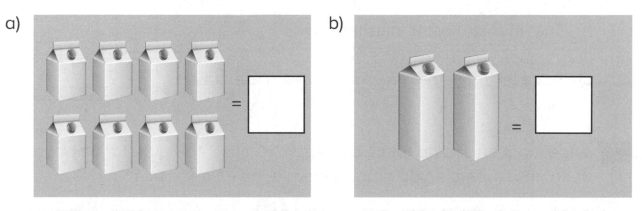
=

b)
=

c)
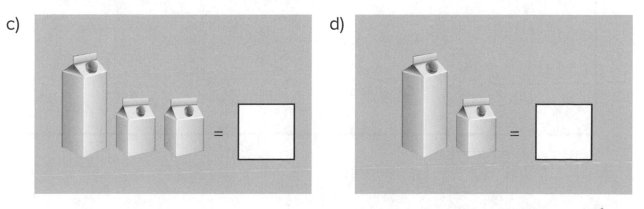
=

d)
=

5 **Entoure** l'unité de mesure la plus appropriée pour mesurer la masse de chaque objet.

a)

| kg | g |

b)

| kg | g |

c)

| kg | g |

d)

| kg | g |

6 **Observe** ces monstres, puis **réponds** aux questions.

1

2

3

4

765 g

1073 g

2 kg 800 g

1 kg 54 g

a) Quel monstre est le plus lourd ?

b) Quel monstre est le plus léger ?

c) Place les monstres en ordre croissant de masse.

7 Angelina a un sac de farine de 1 kg. Elle utilise 450 g de farine pour faire de la pâte. Combien de grammes de farine lui reste-t-il ?

Mon calcul

Farine

Il lui reste [   ] g de farine.

Au chalet, les 12 monstres veulent manger chacun 4 crêpes. La recette de crêpes indique qu'il faut utiliser 500 ml de lait pour faire 8 crêpes. Combien de litres de lait faudra-t-il utiliser pour faire toutes les crêpes ?

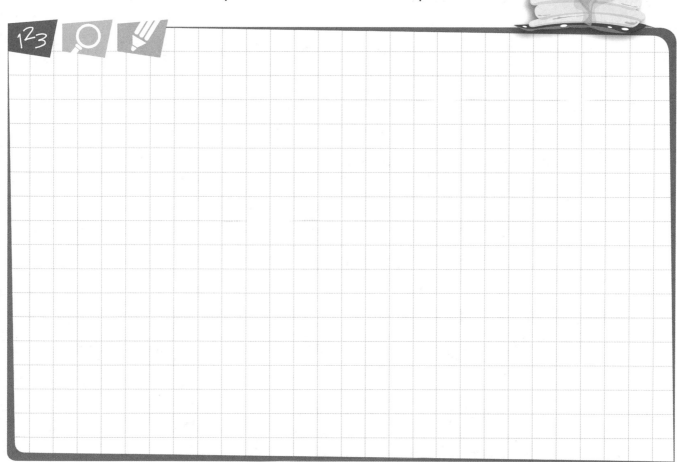

CAPSULE LOGIK

Trouve le nombre de cubes-unités contenus dans chacun de ces solides.

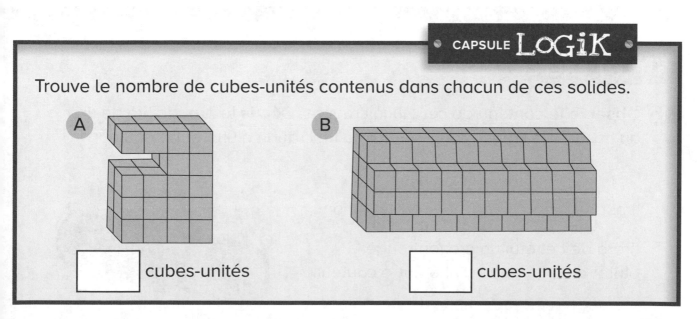

A

B

[_____] cubes-unités   [_____] cubes-unités

J'apprends

▶ La probabilité

Le résultat de certaines expériences est **aléatoire**, c'est-à-dire qu'il est lié au **hasard**. La **probabilité** décrit la possibilité qu'un résultat se produise.

- Dans les expériences liées au hasard, un résultat peut être impossible, possible ou certain.

- Lorsqu'un résultat est possible, il peut être moins probable, également probable ou plus probable qu'un autre résultat.

On peut représenter ces différents résultats sur une droite des probabilités.

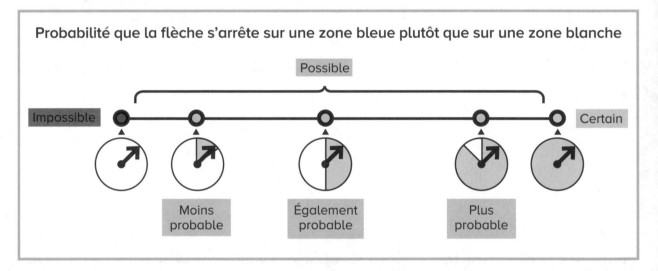

Probabilité que la flèche s'arrête sur une zone bleue plutôt que sur une zone blanche

Je m'exerce

1 **Observe** le contenu de cet étui à crayons. **Décris** la probabilité de tirer au hasard un crayon rouge plutôt qu'un crayon d'une autre couleur.

Il est [   ] qu'on

tirera de cet étui un crayon rouge
plutôt qu'un crayon d'une autre couleur.

2 **Observe** le contenu de ce sac de billes. Sur la droite des probabilités ci-dessous, **écris** les lettres (a à e) correspondant à la probabilité de chacun des événements décrits.

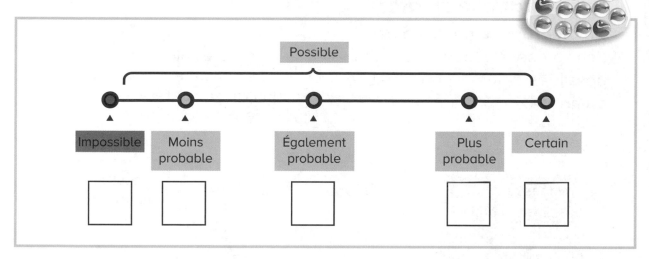

a) La probabilité de tirer du sac une bille verte.

b) La probabilité de tirer du sac une bille bleue plutôt qu'une bille orange.

c) La probabilité de tirer du sac une bille orange, une bille rouge ou une bille bleue.

d) La probabilité de tirer du sac une bille orange plutôt qu'une bille bleue.

e) La probabilité de tirer du sac une bille orange ou une bille rouge.

3 **Relie** chaque roulette à sa description.

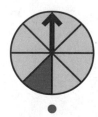

- Il est impossible que la flèche s'arrête sur une zone bleue.

- Il est plus probable que la flèche s'arrête sur une zone verte plutôt que sur une autre zone.

- Il est impossible que la flèche s'arrête sur une zone verte.

- Il est également probable que la flèche s'arrête sur une zone jaune ou sur une zone rouge.

- Il est également probable que la flèche s'arrête sur une zone jaune ou sur une zone verte.

► Le diagramme en arbre

Un **diagramme en arbre** permet de représenter tous les résultats possibles d'une expérience liée au hasard.

Ce sont les billes qui restent dans le sac après le 1er tirage.

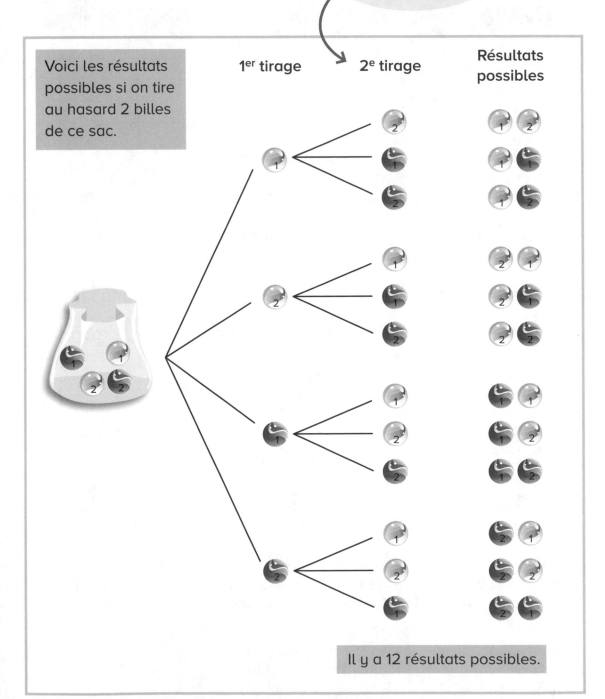

Voici les résultats possibles si on tire au hasard 2 billes de ce sac.

1er tirage

2e tirage

Résultats possibles

Il y a 12 résultats possibles.

Je m'exerce

1 **Observe** le contenu de cette boîte de livres.

a) **Dessine** le diagramme en arbre de tous les résultats possibles si on tire au hasard 2 livres de la boîte.

> Utilise ces abréviations : **R** pour livre rouge, **B** pour livre bleu et **V** pour livre vert.

b) Combien y a-t-il de résultats possibles ?

Il y a ⬚ résultats possibles.

2 **Observe** le contenu de ce sac de boutons.

a) **Dessine** le diagramme en arbre de tous les résultats possibles si on tire au hasard 2 boutons du sac.

> Utilise ces abréviations : **R** pour bouton rouge, **B** pour bouton bleu et **O** pour bouton orange.

b) Combien y a-t-il de résultats possibles ?

Il y a ⬚ résultats possibles.

Je raisonne

À la foire, il y a un jeu où l'on peut gagner 2 porte-clés bleus, 1 porte-clés rouge ou 1 porte-clés orange. Vincent aimerait gagner 2 porte-clés. Parmi tous les résultats possibles, combien y en a-t-il où il pourrait gagner 1 porte-clés bleu et 1 porte-clés orange ?

CAPSULE **LOGiK**

De quel sac est-il le moins probable de tirer au hasard un bouton bleu ?

A   B   C

J'apprends

▶ Les expressions équivalentes

Les **expressions équivalentes** sont 2 ou plusieurs séries d'opérations correspondant au même résultat.
Par exemple, les expressions ci-contre sont équivalentes, car elles ont toutes 60 comme résultat.

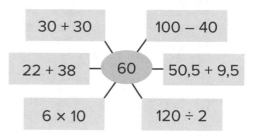

$30 + 30$ — $100 - 40$
$22 + 38$ — 60 — $50,5 + 9,5$
6×10 — $120 \div 2$

▶ Les égalités et les inégalités

On peut placer le symbole « = » entre 2 expressions équivalentes. On obtient ainsi une **égalité**.

Par exemple : $30 + 30 = 100 - 40$

Signification des symboles
= : est égal à
≠ : n'est pas égal à

Lorsque 2 ou plusieurs séries d'opérations n'ont pas le même résultat, on peut placer le symbole « ≠ » entre elles. On obtient ainsi une **inégalité**.

Par exemple : $30 + 30 \neq 100 - 10$

Je m'exerce

1 **Écris** le symbole = ou ≠ entre chaque paire d'expressions.

a) $30 + 20$ ◯ $100 - 50$

b) $30 + 6$ ◯ $20 + 6$

c) $20 + 50$ ◯ $80 - 10$

d) 3×7 ◯ $20 + 3$

e) $34 - 4$ ◯ $20 - 10$

f) $98 - 48$ ◯ $65 - 15$

g) $15 + 10$ ◯ 5×5

h) $60 + 20$ ◯ $200 - 20$

2 **Complète** ces expressions pour qu'elles deviennent équivalentes. **Utilise** une calculatrice au besoin.

a) $210 + 9 = 200 + \boxed{}$

b) $9 \times 2 = 6 \times \boxed{}$

c) $601 - 401 = \boxed{} + 110$

d) $158 - \boxed{} = 140 + 16$

e) $32 + 22 = 6 \times \boxed{}$

f) $32 - 31 = \boxed{} - 24$

g) $5 \times 3 = \boxed{} + 10$

h) $164 - 64 = \boxed{} + 10$

3 **Remplis** chaque grille. **Utilise** une calculatrice au besoin. **Écris** une paire d'expressions équivalentes sous chaque grille.

a)

78	+		=	201		225
		−		=		×
	−		=			2
	=		+		=
		×	9	=	

Expressions équivalentes :

Mes calculs

b)

62	+	19	=			71
		+		=		×
	−		=	9		6
		=		×		=
		+		=	

Expressions équivalentes :

Mes calculs

4 **Résous** ces problèmes.

a) Au camp des monstres, il y a 18 boîtes contenant 9 boussoles chacune. Il y a aussi des cartes, réparties également dans 2 autres boîtes. S'il y a autant de cartes que de boussoles, combien de cartes y a-t-il par boîte ?

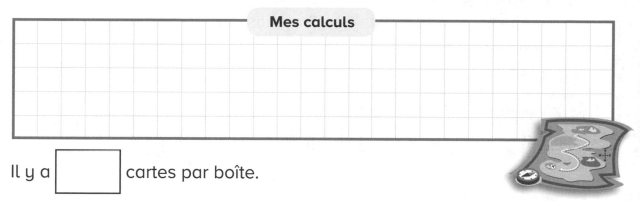

Mes calculs

Il y a ⬜ cartes par boîte.

b) Lundi, il y avait 14 garçons à la piscine et 3 fois plus de filles. Mardi, il y avait le même nombre d'enfants, dont 39 filles. Combien de garçons y avait-il à la piscine mardi ?

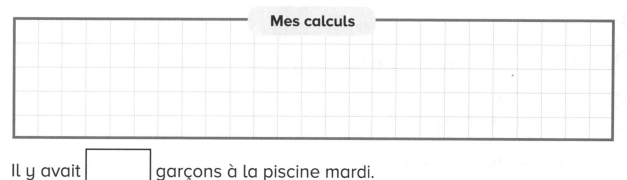

Mes calculs

Il y avait ⬜ garçons à la piscine mardi.

c) Plouf pratique la marche rapide. La semaine dernière, il a fait 3 fois un trajet de 21 km de longueur. Cette semaine, il a fait 2 fois un nouveau trajet. S'il a parcouru le même nombre de kilomètres que la semaine dernière, quelle est la longueur de son trajet cette semaine ?

Mes calculs

La longueur du trajet de Plouf cette semaine est de ⬜ km.

► Le nombre décimal et la fraction

Un **nombre décimal** contient 2 parties : une partie entière
et une partie fractionnaire. Ces 2 parties sont séparées par
une virgule.

Par exemple :

Partie entière	Partie fractionnaire	
Unité	Dixièmes	Centièmes
0,	7	6

Ici, la partie
fractionnaire indique
le nombre de parties
sur 100.

On peut écrire un nombre décimal sous la forme d'une **fraction**.

Par exemple, 0,76 peut s'écrire $\dfrac{76}{100}$. On dit « soixante-seize centièmes ».

► La fraction et le pourcentage

Lorsque le dénominateur d'une fraction est 100, on peut aussi
l'écrire sous la forme d'un **pourcentage**.

Par exemple, $\dfrac{76}{100}$ peut s'écrire 76 %. On dit « soixante-seize pour cent ».

On peut représenter un pourcentage à l'aide de carrés-unités.

Par exemple :

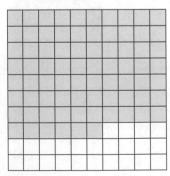

Il y a 76 carrés verts
sur un total de 100 carrés.
On peut donc dire que
0,76 ou $\dfrac{76}{100}$ ou 76 %
des carrés sont verts.

Je m'exerce

1 **Écris** le nombre décimal, la fraction et le pourcentage correspondant à la partie colorée de chaque grille.

	Représentation	Nombre décimal	Fraction	Pourcentage
a)				
b)				
c)				
d)				

2 **Colorie** chaque grille pour représenter le pourcentage indiqué.

a) 50 %

b) 24 %

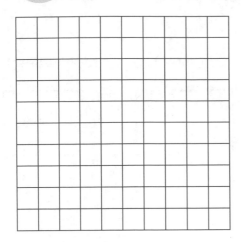 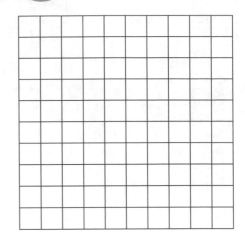

Je raisonne

Les monstres jouent à ramasser des anneaux au fond de la piscine. Voici ce que Zouzou, Trala et Piton ont ramassé.

Monstre	Anneaux rouges	Anneaux bleus	Anneaux verts
Zouzou	2 groupes de 15 anneaux	54	?
Trala	2 groupes de 21 anneaux	2 groupes de 27 anneaux	?
Piton	2 groupes de 18 anneaux	35	11

Zouzou et Trala ont ramassé le même nombre d'anneaux en tout.
Ce nombre est le double de celui de Piton. Combien d'anneaux verts
Zouzou et Trala ont-ils ramassés ?

Chaque groupe d'articles vaut le prix indiqué. Chaque article a toujours
la même valeur. Quelle est la valeur du dernier groupe d'articles ?

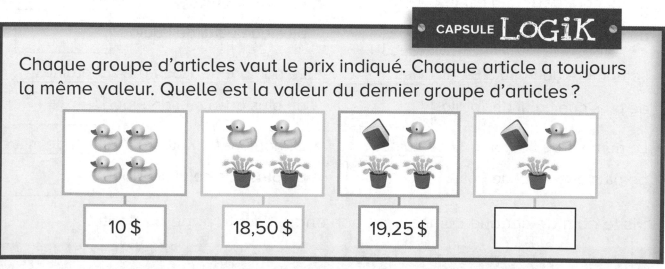

10 $	18,50 $	19,25 $	

Les monstres taquins

Camillio, le moniteur du camp, aimerait apprendre le nom des nouveaux monstres inscrits au camp. Les monstres lui ont joué un tour, ils ont remplacé leur nom par un nombre. Aide Camillio à trouver le nom de ses petits monstres campeurs.

Pour commencer, recherche les empreintes suivantes dans les pages 45 à 91. Compte le nombre d'empreintes de chaque type. Calcule le nombre total d'empreintes que tu as trouvées.

Type d'empreintes	Nombre d'empreintes		Total
		× 100 =	
		× 10 =	
		× 1 =	
	Grand total :		

À partir de ce grand total (qui devient le nombre de départ) et des indices suivants, trouve le nombre de chaque campeur.

Indices

- Le nombre de Talala est le double du nombre de départ.

- Le nombre de Poilu a 32 dizaines de plus que celui de Talala.

- Le nombre de Loulou a 12 centaines de plus que celui de Poilu.

- Le nombre de Piou a 14 dizaines de plus que celui de Loulou.

- Le nombre de Tibou a 24 centaines de plus que celui de Piou.

- Le nombre de Kalou a 11 unités de mille de plus que celui de Tibou.

Écris le nom de chaque campeur au bon endroit sur la page de droite.

826

1146

4886

15 886

2346

2486

Révision | Sections 21 à 28

Arithmétique

1 **Trouve** le résultat de ces opérations.

a) 29,76 + 67,43 = [   ]

b) 63,45 – 34,87 = [   ]

c) 150 – 43,65 = [   ]

d) 89,12 + 45,9 = [   ]

e) 180 – 43,98 = [   ]

f) 0,65 + 4,76 = [   ]

2 **Trouve** le résultat de chaque multiplication. **Utilise** les représentations au besoin.

a)
```
    31
×    3
```
[   ]

b)
```
    104
×     2
```
[   ]

c) 36
 ×   3

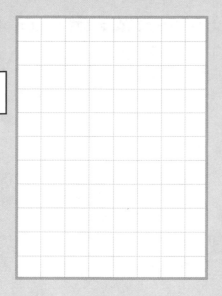

d) 24
 ×   4

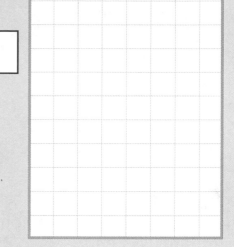

e) 45
 ×   3

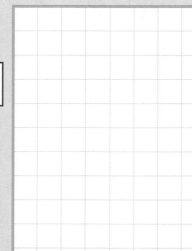

f) 76
 ×   2

3 **Fais un X** dans une des cases selon que le nombre est arrondi
au dixième, à l'unité ou à la dizaine près.

Nombre arrondi		Arrondi au dixième	Arrondi à l'unité	Arrondi à la dizaine
a) 123,56	124 →			
b) 1789	1790 →			
c) 4,43	4 →			
d) 108,18	108,2 →			

4 **Trouve** le résultat de ces opérations. **Entoure** les résultats qui correspondent à des nombres premiers.

a) $7 \times 3 =$ ☐

b) $43 - 32 =$ ☐

c) $25 + 24 =$ ☐

d) $40 \div 4 =$ ☐

e) $12 + 19 =$ ☐

f) $52 - 9 =$ ☐

5 **Fais** l'arbre des facteurs de chaque nombre. **Indique** le résultat de sa décomposition en facteurs premiers.

a) 81

b) 40

c) 56

d) 72

6 **Écris** les 7 premiers multiples de chaque nombre.

a) 4 ☐ ☐ ☐ ☐ ☐ ☐ ☐

b) 5 ☐ ☐ ☐ ☐ ☐ ☐ ☐

7 **Complète** ces expressions pour qu'elles deviennent équivalentes.

a) $81 \div 9 = 3 \times$ ☐

b) $35 + 98 =$ ☐ $- 100$

c) ☐ $\times 3 = 48 \div 8$

d) ☐ $- 208 = 402 - 201$

e) $8 \times$ ☐ $= 100 - 36$

f) $54 + 9 =$ ☐ $+ 21$

Mes calculs

8 **Colorie** de la même couleur les cases qui représentent la même valeur.

	70 %	58 %	0,40
0,90			
$\dfrac{58}{100}$	$\dfrac{90}{100}$	40 %	0,70

9 **Résous** ces problèmes.

a) Le monstre Rigoletto a un rendez-vous
à 18 h 40. S'il a 50 minutes de retard, à quelle
heure arrivera-t-il à son rendez-vous ?

Le monstre Rigoletto arrivera à son

rendez-vous à ☐ .

b) Léa classe ses photos de monstres. Elle
commence son classement à 9 h et le termine
à 11 h 20. Pendant combien de temps Léa
a-t-elle classé ses photos ?

Léa a classé ses photos

pendant ☐ .

c) Benjamin est allé voir le film *Monstres farfelus*
au cinéma. Le film a commencé à 18 h 30 et
s'est terminé à 20 h 20. Combien de temps
le film a-t-il duré ?

Le film a duré ☐ .

d) À 14 h 15, Simon appelle Juliette pour lui dire
qu'il sera chez elle dans 75 minutes. À quelle
heure Simon sera-t-il chez Juliette ?

Simon sera chez Juliette à ☐ .

10 **Remplis** le tableau.

	Longueur (en cubes-unités)	Largeur (en cubes-unités)	Hauteur (en cubes-unités)	Volume (en cubes-unités)
a)				
b)				
c)				

Probabilité

11 Dans un panier de fruits, il y a 2 poires, 1 orange et 1 kiwi.

a) **Dessine** le diagramme en arbre de tous les résultats possibles si on tire au hasard 2 fruits du panier.

Utilise ces abréviations : **P** pour poire, **O** pour orange et **K** pour kiwi.

b) Combien y a-t-il de résultats possibles ?

Il y a ☐ résultats possibles.

La grande fête de l'été

La grande fête de l'été aura bientôt lieu. Le monstre Touffu est chargé de préparer l'horaire de cet événement. Voici, dans l'ordre, les activités de la journée.

Horaire de la grande fête de l'été

Début des activités : 10 h 15	
Course à relais	Durée : 45 minutes
Pause-collation	Durée : 30 minutes
Chasse au trésor	Durée : 75 minutes
Pique-nique	

Touffu a aussi calculé le coût de chaque activité.

**Coût des activités
(par monstre participant)**

Course à relais	3 $
Chasse au trésor	2 $
Pique-nique	5 $

Pour l'aider dans son travail, Touffu te confie 2 tâches.

- Trouver à quelle heure commencera le pique-nique.

- Calculer la somme totale amassée sachant que :

  - 42 monstres se sont inscrits à la course à relais ;

  - 15 monstres se sont inscrits à la chasse au trésor ;

  - 67 monstres se sont inscrits au pique-nique.

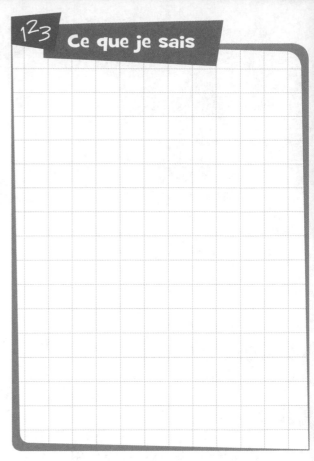

Ce que je sais

Ce que je cherche

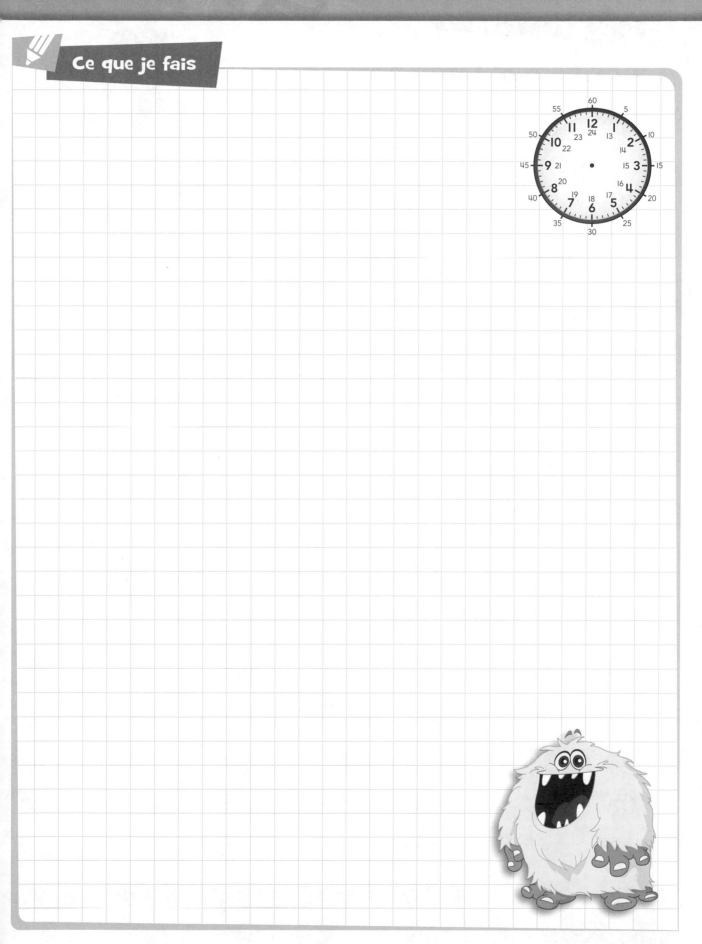

La grille des nombres

Place tous les nombres dans la grille.

	4						1			4
		0				6				
9									8	
				9				9		
	5							1		5
						7	0			
7	0		8						0	
			3	2						
9						1				
				9					3	

12 14 20 32 40 41 60

62 63 ~~70~~ 73 82 83 87

90 92 95 96 99 102 310

412 500 542 700 739 791 893

1089 9780 15 090 20 060 32 060 53 971 56 040

70 026 73 010 79 090 91 070 91 830 92 020 96 030

Révision finale

Arithmétique

1 **Complète** les différentes représentations des nombres.

a)

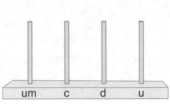

um	c	d	u
	1	9	0

b)

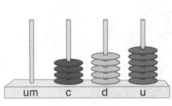

um	c	d	u

c)

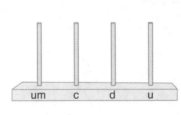

um	c	d	u

2 Vrai ou faux ?

        Vrai **Faux**

a) Dans le nombre 12 345, il y a 123 dizaines.

b) Dans le nombre 6798, le chiffre 9 vaut 90.

c) Dans le nombre 6509, il y a 650 dizaines.

d) Dans le nombre 10 000, il n'y a aucune unité.

e) Dans le nombre 6043, le chiffre 6 est
à la position des unités de mille.

3 **Écris** le nombre correspondant à chaque décomposition. **Compare** ensuite les nombres à l'aide du symbole <, > ou =.

a) 10 000 + 1000 + 1000 + 1 + 1 = [ ] ◯ [ ] = 10 000 + 2000 + 20

b) 8000 + 600 + 40 = [ ] ◯ [ ] = 10 000 + 1 + 1 + 1 + 1 + 1 + 1

c) 40 + 2 + 300 + 1000 = [ ] ◯ [ ] = 1000 + 100 + 100 + 100 + 10 + 10 + 10 + 10 + 1 + 1

d) 400 + 5000 + 30 = [ ] ◯ [ ] = 1000 + 1000 + 1000 + 1000 + 10 + 10 + 10

4 **Trouve** le résultat de ces opérations.

a) 9 × 8 = [ ] b) 81 ÷ 9 = [ ] c) 36 ÷ 4 = [ ]

d) 7 × 6 = [ ] e) 64 ÷ 8 = [ ] f) 3 × 9 = [ ]

g) 18 ÷ 6 = [ ] h) 45 ÷ 9 = [ ] i) 7 × 7 = [ ]

5 **Trouve** le résultat de ces opérations.

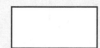

a) 3 4 6 7
  + 2 9 7 0
  [ ]

b) 6 4 0 0
  − 4 5 0 1
  [ ]

c) 4 5 6 2
  + 3 7 0 1
  [ ]

d) 4 5 0 6
  −   9 3 4
  [ ]

e) 5 6 2 1
  + 1 0 0 9
  [ ]

f) 2 7 4 2
  − 1 9 8 7
  [ ]

g) 3 8 7 2
  + 2 4 4 4
  [ ]

h) 4 0 2 0
  − 2 1 3 4
  [ ]

6 **Trouve** le terme manquant.

a) [   ] − 89 = 145

b) 435 + [   ] = 8089

c) 1234 − [   ] = 802

Mon calcul

Mon calcul

Mon calcul

d) 6 × [   ] = 60

e) [   ] − 388 = 283

f) 349 + [   ] = 1241

Mon calcul

Mon calcul

Mon calcul

7 **Trouve** la règle de ces régularités. **Écris** le 7e nombre de chaque suite.

① ② ③ ④ ⑤ ⑦

Règle de la régularité

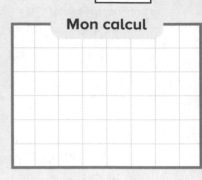

a) 1   2   4   8   16   ...   [   ]   [   ]

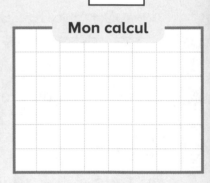

b) 125 250 225 350 325   ...   [   ]   [   ]

c) 765 665 565 465 365   ...   [   ]   [   ]

d) 987 980 973 966 959   ...   [   ]   [   ]

8 **Représente** les fractions en les coloriant. **Compare**-les ensuite en utilisant le symbole <, > ou =.

a)
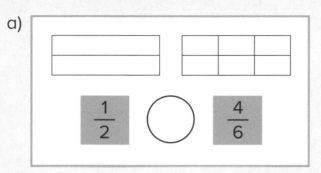

b)
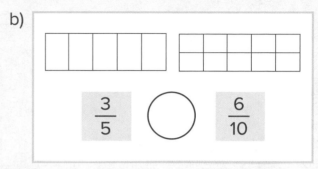

c)
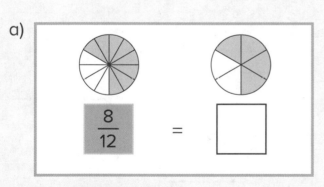

d)
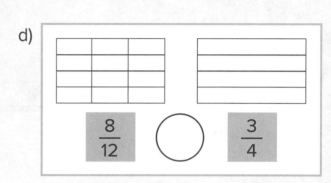

9 **Écris** le numérateur et le dénominateur qui manquent pour que les 2 fractions soient équivalentes.

a)
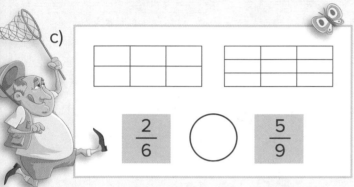

b)
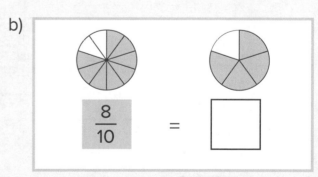

c)
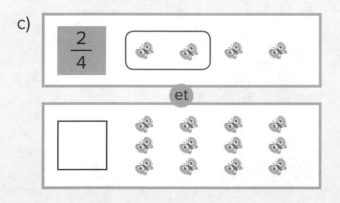

d)
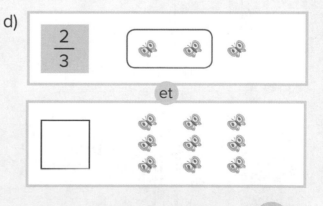

10 **Trouve** les produits. Au besoin, **représente** les multiplications.

a) 47
  × 2
  [   ]

b) 108
  × 2
  [   ]

c) 42
  × 3
  [   ]

d) 19
  × 3
  [   ]

e) 218
  × 2
  [   ]

f) 161
  × 3
  [   ]

11 **Écris** la somme représentée.

a)

b)

c)
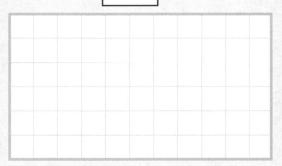 

12 **Représente** les divisions. **Trouve** les quotients. **Écris** le reste sous forme de fraction s'il y a lieu.

a) $66 \div 3 =$ ▢

b) $84 \div 2 =$ ▢

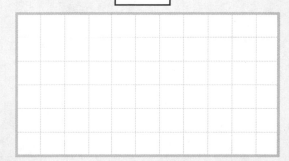

c) $234 \div 2 =$ ▢

d) $241 \div 2 =$ ▢

13 **Trouve** le résultat de ces opérations.

a) 30,09 + 23,7 = ☐

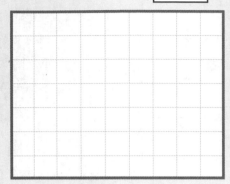

b) 42,76 + 28,06 = ☐

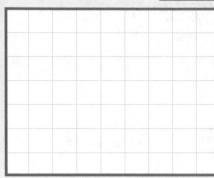

c) 34,09 − 21,71 = ☐

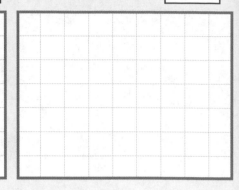

d) 87 − 19,43 = ☐

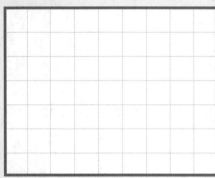

e) 42,17 − 21,06 = ☐

f) 21,89 + 27,61 = ☐

14 **Arrondis** chaque nombre au dixième, à la dizaine, à la centaine et à l'unité de mille près. Attention : assure-toi de revenir chaque fois au nombre de départ.

Nombre de départ	Arrondi au dixième	Arrondi à la dizaine	Arrondi à la centaine	Arrondi à l'unité de mille
a) 5067,89 →				
b) 39 523 →				
c) 12 987,56 →				
d) 4309,08 →				

15 **Fais un X** aux bons endroits dans le tableau.

	Nombre premier	Nombre composé	Nombre carré
a) 2			
b) 4			
c) 12			
d) 17			
e) 25			

16 **Fais** l'arbre des facteurs de chaque nombre. **Indique** le résultat de sa décomposition en facteurs premiers.

a) 32

b) 64

c) 63

d) 16

17 **Complète** ces expressions pour qu'elles deviennent équivalentes.

a) 7 × ☐ = 15 + 6

b) 48 × 1 = ☐ × 6

c) 499 + 6 = 500 + ☐

d) ☐ + 672 = 1234 – 19

e) 32 × 3 = 865 – ☐

f) 4999 + ☐ = 5000 + 99

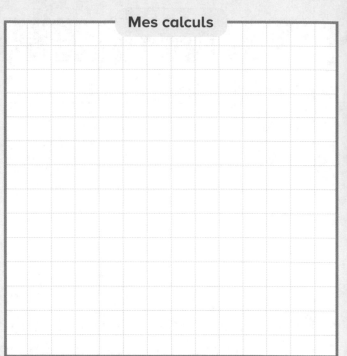

Mes calculs

18 **Écris** le nombre décimal, la fraction et le pourcentage qui correspondent à la partie colorée de chaque représentation.

Représentation	Nombre décimal	Fraction	Pourcentage
a) 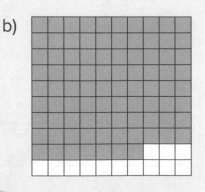			
b) 			

19 **Résous** ces problèmes.

a) Le chaudron de Mélia peut contenir
4567 os. Mélia a déjà mis 2754 os dans
son chaudron. Combien d'os peut-elle
encore y mettre ?

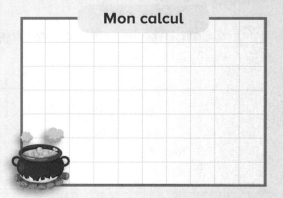

Mon calcul

Mélia peut encore mettre ☐ os
dans son chaudron.

b) Cléo doit partager également 97 potions entre ses 3 élèves.
Combien de potions donnera-t-elle à chaque élève ?

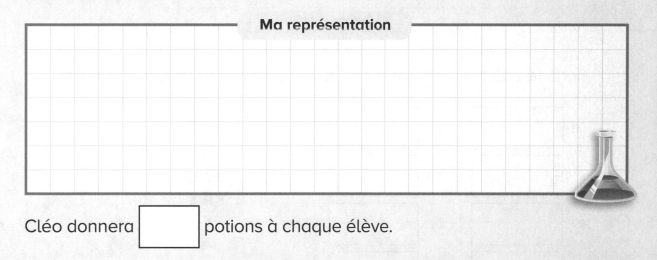

Ma représentation

Cléo donnera ☐ potions à chaque élève.

c) Gloria a préparé 3 paniers contenant chacun 34 sandwichs aux escargots.
Combien de sandwichs a-t-elle préparés en tout ?

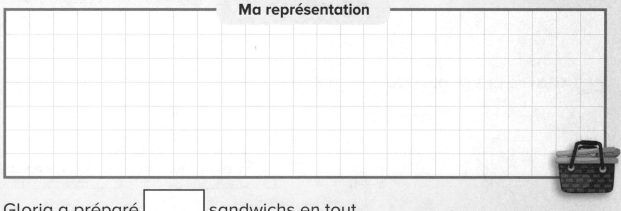

Ma représentation

Gloria a préparé ☐ sandwichs en tout.

20 **Complète** le dallage en respectant l'axe de réflexion.

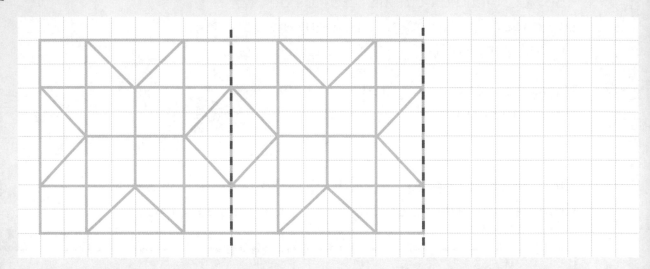

21 **Écris** le couple correspondant à l'emplacement de chaque lettre.

a) [ ]   b) [ ]

c) [ ]   d) [ ]

e) [ ]   f) [ ]

g) [ ]   h) [ ]

i) [ ]   j) [ ]

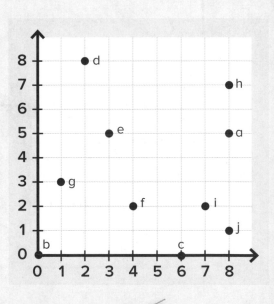

22 **Classe** ces angles dans le tableau.

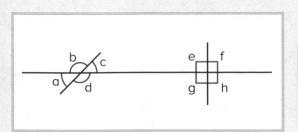

Angles aigus	Angles droits	Angles obtus

23 **Observe** ces droites. **Trace** le symbole qui convient (// ou ⊥).

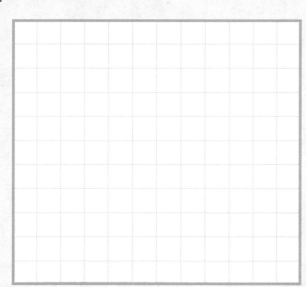

a) A ⬚ B

b) B ⬚ C

c) D ⬚ E

24 **Dessine** un polygone convexe.

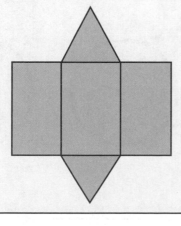

25 **Dessine** un polygone non convexe.

26 **Nomme** le solide qui correspond à chacun de ces développements.

a)

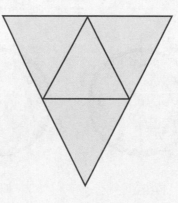

b)

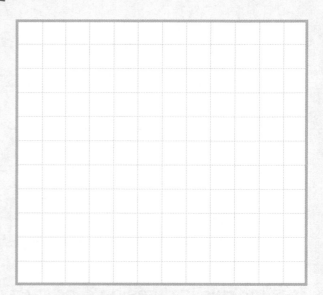

Unité de mesure
⬜ carré-unité
↔ 1 cm

27 **Trouve** le périmètre et l'aire de ces figures.

a)

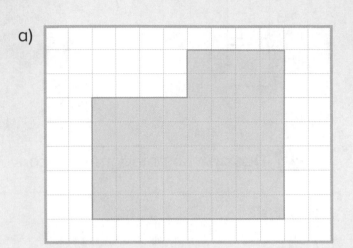

b)

Périmètre : ☐

Aire : ☐

Périmètre : ☐

Aire : ☐

28 **Indique** la durée de chacun de ces événements.

a) Fabrication d'une carte d'invitation.   b) Chasse au trésor.

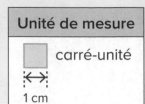

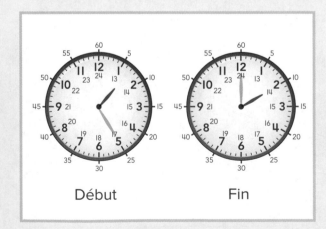

Début   Fin

Début   Fin

Durée : ☐

Durée : ☐

c) Lavage de l'auto.

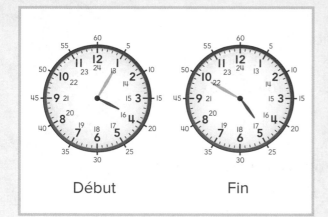

Début   Fin

Durée : _____

d) Visite chez Mamie.

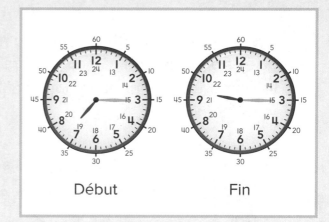

Début   Fin

Durée : _____

29 **Remplis** le tableau.

	Longueur (en cubes-unités)	Largeur (en cubes-unités)	Hauteur (en cubes-unités)	Volume (en cubes-unités)
a)				
b)				
c)				
d)				

Statistique

30 Les élèves de l'école Jeunes du monde aident les personnes âgées de leur ville. Ce diagramme à ligne brisée montre le nombre de bonnes actions qu'ils ont faites au cours de la semaine.

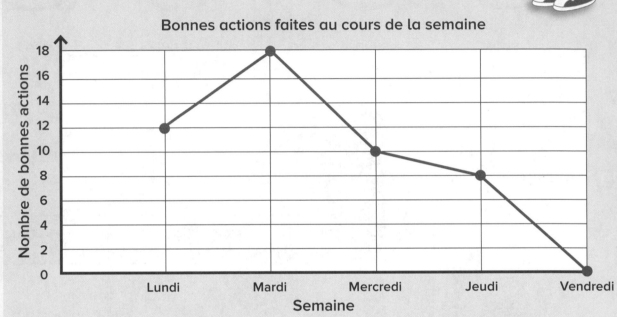

a) Quel jour les élèves ont-ils fait le plus de bonnes actions ?

b) Quelle est la différence entre le nombre de bonnes actions que les élèves ont faites mardi et le nombre de bonnes actions qu'ils ont faites mercredi ?

c) Combien de bonnes actions les élèves ont-ils faites au cours de la semaine ?

Probabilité

31 **Observe** le contenu de ce filet à papillons. **Décris** la probabilité de tirer au hasard un papillon vert du filet plutôt qu'un papillon d'une autre couleur.

Il est [   ] de tirer

de ce filet un papillon vert plutôt qu'un papillon d'une autre couleur.

32 **Observe** le contenu de ce sac de billes. Sur la droite des probabilités ci-dessous, **écris** les lettres (a à e) qui correspondent à la probabilité de chacun des événements décrits.

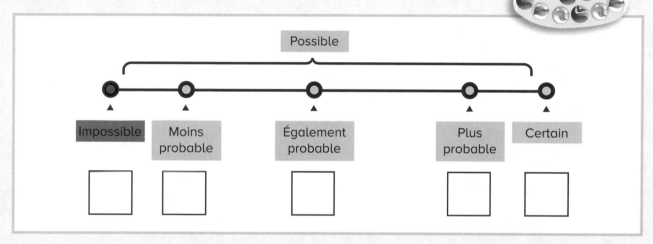

a) La probabilité de tirer du sac une bille rouge plutôt qu'une bille d'une autre couleur.

b) La probabilité de tirer du sac une bille verte.

c) La probabilité de tirer du sac une bille rouge, bleue ou orange.

d) La probabilité de tirer du sac une bille orange plutôt qu'une bille d'une autre couleur.

e) La probabilité de tirer du sac une bille rouge plutôt qu'une bille d'une autre couleur.

33 Une boîte d'autocollants de monstres contient 2 autocollants orange, 1 autocollant vert, 1 autocollant bleu et 1 autocollant rose.

a) **Dessine** le diagramme en arbre de tous les résultats possibles si on tire au hasard 2 autocollants de la boîte.

Utilise ces abréviations : **O** pour autocollant orange, **V** pour autocollant vert, **B** pour autocollant bleu et **R** pour autocollant rose.

b) Combien y a-t-il de résultats possibles ? Il y a ⬚ résultats possibles.

Glossaire

(Les mots en **bleu** sont ceux de la progression des apprentissages du MELS.)

Addition (p. 44)
Opération qui permet de trouver la somme de 2 ou plusieurs nombres qu'on appelle « termes ». Le symbole de l'addition est +.

Aire (p. 4)
Surface d'une figure. Exemple d'unité de mesure de l'aire : carré-unité.

Aléatoire (p. 80)
Lié au hasard.

Arête (p. 13)
Dans un solide, segment à l'intersection de 2 faces.

Arrondir (p. 57, 59)
Remplacer un nombre par une valeur rapprochée.

Capacité (p. 75)
Quantité de matière qu'un objet peut contenir. Exemples d'unités de mesure de capacité : litre (l), millilitre (ml).

Centième (p. 44)
Dans un nombre décimal, deuxième chiffre à droite de la virgule. Un centième est 100 fois plus petite que 1.

Centimètre (cm) (p. 2)
Unité de mesure de longueur 100 fois plus petite que le mètre (0,01 m).

Chiffre
Symbole utilisé pour écrire des nombres. Il y a 10 chiffres : 0, 1, 2, 3, 4, 5, 6, 7, 8, 9.

Collection (p. 27)
Ensemble d'objets formant un tout.

Corps rond (p. 13)
Solide qui a au moins une face courbe. Exemples de corps ronds : boule, cône et cylindre.

Décimètre (dm) (p. 2)
Unité de mesure de longueur 10 fois plus petite que le mètre (0,1 m).

Dénominateur (p. 28)
Dans une fraction, nombre total de parties équivalentes dans un tout. Il est placé sous la barre horizontale dans la fraction.

Développement d'un solide (p. 15)
Représentation qui permet d'observer toutes les faces d'un solide sur un même plan (en 2 dimensions).

Diagramme à bandes (p. 8)
Diagramme dans lequel on représente verticalement ou horizontalement les données d'une enquête à l'aide de bandes.

Diagramme à ligne brisée (p. 8)
Diagramme dans lequel on relie des points pour former une ligne brisée et qui sert plus particulièrement à représenter des données qui varient en fonction du temps.

Diagramme en arbre (p. 82)
Diagramme à embranchements qui permet, par exemple, de représenter tous les résultats possibles d'une expérience liée au hasard.

Dividende (p. 18)
Dans une division, nombre à diviser.

Diviseur (p. 18)
Dans une division, nombre qui en divise un autre.

Division (p. 18, 23)
Opération qui consiste à chercher combien de fois un nombre (diviseur) est contenu dans un autre nombre (dividende). La division est aussi le partage en parts égales d'une certaine quantité d'objets. Le résultat de la division est le quotient. Le symbole de la division est ÷.

Dixième (p. 44)
Dans un nombre décimal, premier chiffre à droite de la virgule. Un dixième est 10 fois plus petit que 1.

Égalité (p. 85)
Relation entre 2 quantités de même valeur, c'est-à-dire qui correspondent au même résultat. Le symbole de l'égalité est = .

Enquête (p. 8)
Recherche au cours de laquelle on pose des questions pour recueillir des données.

Entier (p. 27)
Un seul objet représentant un tout.

Expressions équivalentes (p. 85)
Deux ou plusieurs séries d'opérations qui représentent la même valeur ou le même résultat.

Facteur (p. 50, 67)
Chacun des nombres qu'on multiplie ensemble pour obtenir un produit.

Facteur premier (p. 67)
Dans la décomposition en facteurs d'un nombre, facteur qui est également un nombre premier.

Fraction (p. 27, 88)
Représentation d'une ou de plusieurs parties équivalentes d'un entier ou d'une collection. Elle s'écrit à l'aide de 2 nombres (numérateur et dénominateur) séparés par une barre horizontale.

Fractions équivalentes (p. 27)
Fractions qui représentent la même valeur par rapport à un tout.

Gramme (g) (p. 75)
Unité de mesure de masse 1000 fois plus petite que le kilogramme (0,001 kg).

Hasard (p. 80)
Caractère de ce qui se produit en dehors de toute règle prévisible.

Heure (h) (p. 72)
Unité de mesure du temps. Une heure équivaut à 60 minutes.

Inégalité (p. 85)
Relation entre 2 quantités qui n'ont pas la même valeur, c'est-à-dire qui ne correspondent pas au même résultat. Le symbole de l'inégalité est ≠ .

Kilogramme (kg) (p. 75)
Unité de mesure de masse.

Litre (l) (p. 75)
Unité de mesure de capacité.

Masse (p. 75)
Quantité de matière d'un objet. Propriété d'être plus ou moins lourd. Exemples d'unités de mesure de masse : gramme (g), kilogramme (kg).

Matériel en base 10 (p. 50)
Représentation de notre système de numération qui fait ressortir les relations entre les unités, les dizaines, les centaines et les unités de mille.

Mètre (m) (p. 2)
Unité de mesure de longueur.

Millilitre (ml) (p. 75)
Unité de mesure de capacité 1000 fois plus petite que le litre (0,001 l).

Millimètre (mm) (p. 2)
Unité de mesure de longueur 1000 fois plus petite que le mètre (0,001 m ou 0,1 cm).

Minute (min) (p. 72)
Unité de mesure du temps. Une minute équivaut à 60 secondes.

Multiple (p. 67)
Nombre qui contient un autre nombre exactement 0, 1 ou plusieurs fois.

Multiplication (p. 50)
Opération qui permet de trouver le produit de 2 ou plusieurs facteurs. Le symbole de la multiplication est ×.

Nombre
Objet mathématique formé de chiffres et qui représente des grandeurs, des positions, des quantités, etc.

Nombre carré (p. 63)
Nombre qui possède 2 facteurs identiques.

Nombre composé (p. 63)
Nombre qu'on peut représenter par des groupes égaux de 2 objets ou plus.

Nombre décimal (p. 44, 59, 88)
Nombre qui contient une partie entière et une partie fractionnaire (inférieure à 1). Ces deux parties sont séparées par une virgule.

Nombre impair
Nombre qu'on ne peut pas représenter par des groupes de 2 objets. Les nombres impairs se terminent par 1, 3, 5, 7 ou 9.

Nombre naturel (p. 57)
Nombre entier supérieur ou égal à 0, soit 0, 1, 2, 3, 4, 5, 6, 7, 8, 9, 10, 11, 12, etc.

Nombre pair
Nombre qu'on peut représenter par des groupes de 2 objets. Les nombres pairs se terminent par 0, 2, 4, 6 ou 8.

Nombre premier (p. 63)
Nombre qu'on ne peut pas représenter par des groupes égaux de 2 objets ou plus, car il y a un reste.

Numérateur (p. 28)
Dans une fraction, nombre au-dessus de la barre horizontale qui indique le nombre de parties considérées.

Opération inverse
Opération qui annule l'effet d'une autre opération. L'addition et la soustraction sont des opérations inverses. La multiplication et la division sont aussi des opérations inverses.

Parallélogramme (p. 13)
Polygone ayant 4 côtés et 2 paires de côtés parallèles et de même longueur.

Périmètre (p. 4)
Longueur totale du contour d'une figure plane.

Polyèdre (p. 13)
Solide composé uniquement de faces planes.

Pourcentage (p. 88)
Façon d'exprimer une fraction dont le dénominateur est 100. Le symbole du pourcentage est % (on dit « pour cent »).

Prisme (p. 13)
Solide composé de faces planes dont 2 sont identiques et parallèles et qu'on appelle « bases ». Les autres faces du prisme sont des parallélogrammes.

Probabilité (p. 80)
Possibilité qu'un résultat se produise, qu'il soit « possible », « impossible » ou « certain ». S'il est « possible », il peut être « plus probable » ou « moins probable » qu'un autre résultat ou « également probable » par rapport à celui-ci.

Produit (p. 50)
Résultat de la multiplication.

Pyramide (p. 13)
Solide composé d'une base et de plusieurs autres faces qui sont des triangles se rencontrant en un seul sommet.

Quotient (p. 18)
Résultat de la division.

Régularité numérique
Fait observable dans les suites de nombres où chaque nombre de la suite peut être déduit à partir d'une règle.

Reste (p. 23)
Quantité qui reste lorsqu'il est impossible de partager en parts égales.

Seconde (s) (p. 72)
Unité de mesure du temps. Il y a 60 secondes dans 1 minute.

Solide (p. 13)
Figure géométrique à 3 dimensions.

Sommet (p. 13)
Dans un solide, point à l'intersection d'au moins 2 arêtes.

Soustraction (p. 44)
Opération qui permet de trouver la différence entre 2 nombres qu'on appelle « termes ». Le symbole de la soustraction est − .

Tableau
Représentation qui sert à organiser les données d'une enquête sous la forme de colonnes et de lignes.

Table de multiplication
Tableau à double entrée qui permet de trouver le produit de 2 nombres.

Tout (p. 27)
Le tout peut être un entier (un seul objet) ou une collection (un ensemble d'objets).

Valeur de position
Valeur d'un chiffre selon la position qu'il occupe dans un nombre.

Volume (p. 75)
Espace qu'occupe un objet (3 dimensions : longueur, largeur et hauteur). Exemple d'unité de mesure du volume : cube-unité.